タブレット純の
聖地純礼

山中企画

もくじ

タブレット純のGS聖地純礼

カバーデザイン・PONSKY
写真提供・御堂義乗

・まえがきにかえて
～哀愁の行川アイランド篇

栄光のグループサウンズ、その残像を求めて歩く「GS聖地巡礼」、その幕開けは「行川アイランド」からとなりました。いきなり廃墟からのスタートです。リアルタイムでGSを知る方々にとっても、「行川アイランド」とGSがピンと結びつくとは到底思えないのですが、自分にとっては、学生時代にマニアの方から文通で譲り受けた〝IN行川アイランド〟と銘打たれたGSのライブ音源のカセットテープを思春期に繰返し聴いていたことで、個人的に浪漫湧き立つ聖地へといつしか醸成されていたのでした。

当時を生きていない後追いGSファンである自分にとっては、音声だけながらもその生身の姿がありのまま活写された〝GSの生態〟はとても貴重なものでした。そしてそこに登場するGSはこれまたシブイ〝ザ・スイング・ウエスト〟。「こんないいお天気の日なのに

“おせんころがし”は結構エグい場所。なぜ遊戯施設とペアに？

……」と恐縮しながら、小鳥やお子さまたちによる長閑な声に混じって演奏されるグループ唯一の小ヒット『雨のバラード』に侘寂を感じずにはいられませんでした。

　このスイング・ウエスト、ライブLPと謳いながら女性たちの嬌声をあとから前後にかぶせただけのスタジオ録音をレコード会社の意のまま適当に発売したりするなど、あくまで営業ノリのバンドだったようで、GSの神髄を知るにはちと毛並みの違うバンドなのかもしれません。誠にソツのない演奏。決して失神などしよう素振りはありません。

　しかしGSは総じて若者たちが大人の事情によって「やらされている」感にさいなまれ押し潰されていくところにも、哀愁といいま

トンネル抜ければ”アイランド”。墓前で合掌……。

すか自分はきゅんと疼いてしまっている次第なのであります。

さて、音源によれば行川アイランドはフラミンゴたちが行列する〝フラミンゴショー〟が人気とのこと。↑（MC兼ボーカルの湯原昌幸さんもたぶん見ていないのでたどたどしい説明……）フラミンゴがする芸って片足立ち以外になんだろう？　王選手の影響でフラミンゴが動物界で人気の時代だったのだろうか？　あらためて前夜に聞き返して想像をかきたてられましたが、とにもかくにも今は廃墟。そして廃墟なのに悲しくも存在する！「行川アイランド駅」に到着しました。

健康運動のおじさまに撮っていただきました。

2月あたまの極寒の平日。ただでさえまばらな列車から、ここで降りたのはやはり自分だけ。北風に突き刺されながら、こんなとこで何してるんだろう？　という思いがさすがの自分にも去来します。駅に降り立ってみるとなるほど、なんとなく遊戯施設に向けられているような舗道が雑草にむしばまれながらも幽かに見受けられます。そしてぽつんと公衆電話。オカルトな雰囲気を醸しています。ためしに入ってみようと試みるも押せども引けども何故か意地でも開きませんでした。こんなところに来て頑なに電話ボックスにまで拒まれる始末……。

すっかり疲れながら舗道を進みますと、これまた錆びついた付近の案内地図がありました。牧歌的なメルヘンタッチによる地図はやはり行川アイランドをアピールしたものでしょう。せつない。その地図を見ながら、えっと、あれ？　もうここ？　道路を隔てて殺伐としたアスファルトの広い一面が見受けられるのですが、どうやらここが行川アイランドの入り口、駐車場だった場所のようです。道路を渡ってみると、なるほど、切符売り場だったらしき小屋、そして閉鎖されたトイレらしき建物、そしてなにか異界へ繋がっていきそうな階段が所々くずれながらお出まししました。その脇にはゲートらしきものの残骸やらなにやらぐちゃぐちゃ。

あ～ぁ。招かれざる珍客となって階段を一歩一歩踏みしめ、「ＧＳ聖地巡礼」の扉が禍々しくスタートしました。いや、スタートしませんでした。階段を登りつめて間もなくあったトンネルの入り口は、おそろしいほど張り巡らされた鉄条網とともに「立ち入り禁止」の板がバンバンとあちらこちらに。隙間からトンネル内を覗けば、「ようこそ」などとディズニーくずれみたいな動物たちが笑っているのですが、これはどうしたって浸入できようもありません。

当初から気になっていたのですが唯一の人影、眼下に遠く上下ジャージのおじさんがいて、またぞろゆっくり戻ってきました。注意されるかもと少し警戒していたのですが、どうやら

頑なに侵入を拒む公衆電話。

ただの健康運動のようです。仕方なく下にまた降りてこのおじさんにおそるおそるあいさつしてみると、「なにしてんの？　ここ20年も見ての通りやってねぇのよ。そのうち再生するって話もあっけどどうだかねぇ」とのことでした。

再生、それはもうないだろうと思いました。グループサウンズのようにそれは時代の徒花だったのだ。いまはメルヘンも失神もパロディにしか成り得ない時代なのだ。夢のない時代だ。むりやりの結論をむなしくひっさげてこの場をあとにしようとしたのですが、去り際に至って山間に怪しいラブホテルらしき割れた看板が矢印を向けているのを見いだしました。矢印は急な上り坂へと向けられており、ここもついやけくそにえっちらおっちら登ってゆくと、え？　やってんの？　というような離れの小屋があちこちに現れました。
これはモーテルってやつかな？　それはさておきそのエリアから行川アイランドの本殿へと繋がっているような気配のある小道をまたしても見つけてしまい、意を決して立ち入り禁止の柵を越え草木を掻き分け進むことに。しかしまもなく、なにかガサッと動物がびっくりするような物音が！　こちらも勿論死ぬほどびっくりして山を脱走、そうして行川アイランドとの戦いはいよいよ白旗をあげることとなりました。あとで調べてみるとこの行川アイランド廃墟には現役時に見せ物として飼っていた「キョン」なる動物がひそかに繁栄し自生しているのだそうです。「キョン」。GSにキュンとした果ての「キョン」。なんだか知らないけどちょっと出会ってみたかった……。

このあと、小学校のこじんまりとした懐かしい校舎の廃墟も付近に発見、石の二宮金次郎さまの持つ本にこの探訪記を書き上げる決意の願掛けをしたあと、草むらでおしっこして（スミマセン！　頻尿なもので……）ようやく帰路となりました。もはや何の書き物かさっぱりわからなくなってしまいましたが、実は自分は廃墟好きでもありまして、この「GS聖地探訪」はその跡地が廃墟でもあろうものなら一粒で二度美味しいグリコアーモンドチョコのようなあんばいとなるのです。(因みに「チョコで選ぼうGS人気投票」のスポンサーは、明治でしたね)

かつてぼくは自分のラジオのゲストに湯原昌幸さんをお招きするという幸せを授かったことがあり、その時にも湯原さんご本人にこの「スイング・ウエストIN行川アイランド」の音源を謹呈、「おぼえてるよ~すごいね」ととても喜んでくださったのですが、もしまたお会いすることが叶ったら「かの行川アイランド行ってまいりました!」と敬礼し、この本を謹呈したい所存です。因みにこのライブでは途中でJガールズなる姉妹デュオが『あなたが来ない日』という悲しい悲しいデビュー曲をスイング・ウエストの演奏のもとプロモーションするくだりがあるのですが、湯原さんは「それ、全然おぼえてないねぇ」でした。『あなたが来ない日』……。忘れ去られゆく廃墟の行川アイランドの永遠のテーマ曲として、この旅の思い出の歌として、いま自分の心に響いています。そしてこの本はすぐ廃墟にならず沢山の珍客さんたちが来てくださることを願いつつ、「まえがき」の筆を置き、いざあらためて!「GS聖地巡礼」をスタートしたいと思います。

・2月13日新宿聴き込み篇
～あの野田会長に聴く

〝「イエローキャブ」の野田社長〟という存在をＴＶで知ったのは、ぼくが中学か高校生くらいの頃だったでしょうか。ダチョウ倶楽部の肥後克久さんによってお笑いキャラクターとして演じられていました。細かくは憶えていないけれど、モデルとなっているひとは業界では猛々しい名物男的な、内輪では有名な方なんだろうなぁといった認識で画面を眺めておりました。

程なくして〝本物登場〟みたいな感じで野田社長ご本人をやはりバラエティ番組などでちらほらと見かけるようになり、肥後さんによるそれは随分とデフォルメされたものだったのかな、ご本人は至って知的でクールな方のようにお見受けしました。色んな芸人さんのツッコミにも生真面目に応対されていたような。

ダンディな野田会長。このまなざしを見よ。

そうして時は流れ、少なくとも、自分のろうそくをちろちろ灯すような人生とは何ら接点をもたないはずの人物だった野田社長が、今日はこの高層ビルの上階でぼくに軟禁されてしまっています。そう、お会いする約束を受けてくださったのです。この異形な点と線のつながる経緯は、ぼくがろうそくをちろちろ灯しているなかで、なんの文献だったか、野田社長のルーツがGSに始まっていたことを知ったその時に遡ります。

バイト先の古本屋だったかな。コンビニの走り読みだったかもしれません。その内容もうろ覚えなのですが、まず4．9．1というワードがぼんやりよぎります。これを見て〝フォーナインエース〟とすんなり黙読された方はなかなかのGS上級者。そんな玄人好みのGSの名前がまず浮かび、野田社長は若き日にそういったどちらかといえばマイナーなバンドのブッキング業、或いは地下的なマネージメントをしていたというような証言ではなかったか。「地下的なマネージメント」とは自分で言っておいてなにやら粗雑なものいいですが、その記事は〝あの大物の苦労時代〟といった趣旨だったかと思うので、その後這い上がったという意味であえて「地下」の薄暗さやきな臭さが強調されていたのかもしれません。

そんなあやふやながらも自分の中の「GS紳士録」に登録されてしまっていた野田社長と、思わぬかたちでお会いしたのがつい先だってのこと。自分がレポーターとして出演させていただいている文化放送『大竹まことゴールデンラジオ』にて、自分と同じ日のアシスタントをされているはるな愛さんの所属事務所の会長さんとして突如局に来訪されたのです。

そう、野田社長はいまは野田会長となっていました。しかしあのTVで見ていたお姿とほとんど変わらぬ印象、背も高くて相変わらずのちょっぴりコワモテです。大竹まことさんとも旧知のようで親しげに会話されています。そんななか自分も意を決してぴょこんとご挨拶、一瞬どこのおばさん？　といった感じの怪訝な顔をされたのですが、「あ、そう、うちのはるなをよろしくね」と言われた瞳の奥には、侍が城を築き上げ守りぬいたあとの寛容さ、温かさが滲み出ているようでした。

よし……。一人になられた時を見計らって、ぼくの「気が弱いくせにずうずうしいビーム」が発動されます。めざすところGSならばどこまでも貪欲なぼく。「あのぉ、」と野田会長のコーヒータイムにすすっと忍び入り「ぼくはグループサウンズが大好きなのですが……」我ながら唐突すぎる割り込み。

しかしそこからは、予想に反して野田会長の〝GSとの日々〟たる記憶の缶詰めがもくもくと開け放たれました。野田会長は、GSのブッカーでもマネージャーでもなく、GSの出演するお店の支配人だったのです。先の「地下」のイメージはジャズ喫茶、ディスコの紫煙からくるものだったのか。話は前後するのですが、この聖地巡礼という企画も、そもそも野田会長との出会いあってのインスパイアでした。

その頃から「一緒にGS本を出しませんか」と文化放送を打ち合わせ場所に出没するようになった山中伊知郎さんと交錯するかたちで、山中さんのスキンヘッドを見ながら一休さんのようにひらめいた！　となったのです。GSの研究本は少なからず出ているけれど、GSが出ていた場所、ひいてはゆかりのある土地に焦点を当てる企画は今まであまりなかったのではないか。自分が師と仰ぐGS研究家の故黒澤進先生は「誰も思いつかない、でも思いつけば誰でもできることをやるのがＧＳパフォーマンスの神髄」という名言を残されていますが、そのイデオロギーにも通ずる「ＧＳ紀行」。

場所さえわかれば歩くだけ。野田会長が自分の質問に真摯にお答えいただくそのお話からは、テリトリーにされていたという新宿一帯の地図が青春の匂いとともに広がりました。そうして本の企画も生半可なまま、今日あらためて詳しくお話を伺おうと、山中さん、ビートかずおさん（ぼくのマネージャー）というむさい三人衆で、この会長のオフィスの入ったビルへとやってきたというわけです。

エレベーターのちょっとした沈黙と緊張のなか、ふと「野田クルゼ」という看板が頭にぽこんと浮かびました。四谷かどこかの……クルゼってなんだろう？　そんなことはどうでもよい。結局インタビューは野田会長のオフィスではなく下のファーストフード店で、と社員の女性にドア口で告げられまたぞろ階下へ降りる我々。まるでＧＳの栄枯盛衰のような早業です。おぉ、ここの方が話しやすそう。ファーストキッチンで三人してポテトなどつまんでいると、かの野田会長がカクシャクとして現れました。

野田キタゼ！　生まれもっての殿様顔がてかてかされています。かっこいい。それでは野田会長にサイコロをふっていただく「ＧＳ新宿双六」のはじまりはじまり！

野田義治さん　インタビュー

１９４６年富山市出身。高校時代は広島で過ごし、俳優を目指して上京。60年代後半、役者修行のかたわら、ゴーゴーホールなどの支配人をつとめ、ＧＳのブッキングやスケジュール管理を手掛けるようになる。やがてそれが本業となり、芸能マネージャーとして活躍。現・サンズエンタテインメント会長。

もう50年くらい前になります。最初は、新宿二丁目にあった「ＰＯＰ」っていう店で働いていました。それで、歌舞伎町にゴーゴーホール「サンダーバード」が出来て、そこの支配人をやることになったんです。

たとえば、どのバンドをどこにブッキングするか、とかが業務の中心で、時代的には、ほぼメインはGSでした。あのころ、ジャズ喫茶もゴーゴーホールも、それこそ新宿だけでくさるほどありましたね。二丁目なら、モダンジャズで有名なのは「渚」。音楽関係者や、物書き連中とかのたまり場になってました。名曲喫茶なら三越裏の「風月堂」もよく知られてましたね。

歌舞伎町一番街の、「王城」の真ん前には「ビレッジゲート」もありました。カントリー歌手のジミー時田さんのお父さんがやっていた店で、ビートたけしさんがバイトしてたのでも最近知られている「ビレッジバンガード」も近くにありました。GSメインのジャズ喫茶なら、新宿ACBかラセーヌあたりでしょう。

ゴーゴーホールは、ジャズがメインの喫茶店とも、GSメインのジャズ喫茶とも客層が違ってて、どちらかといえば「イカレた」人間が多かったです。ただ二丁目の「POP」なんかは、そのゴーゴーホールのハシリみたいなものですが、後から考えると、デビュー前のカルメン・マキなんか常連だったし、有名になったお客さんもいます。当時は顔なんてわからない。有名になってから、「おー。あんときのアイツだ」ってわかる。

一言でいえば、「サンダーバード」は、ガキのたまり場。踊りたくてナンパした

「野田劇場」たる、むらさきの低音。

い連中が集まっていました。音楽なんて聴いてない。定員が200～300人のところに、週末なんか500人くらい来ました。でも平日は全然ダメでいつも定員以下でしたね。一番多い時で、「サンダーバード」の従業員は20人くらいかな。基本的に、もともとそういう店に出入りしてたような「遊び人」が多かったです。客のケンカ止めなきゃならないから、普通の人間じゃつとまんない。毎週、新宿警察の灰色のバスに乗せられて連行されるヤツ、いましたし。いわゆる組関係の人たちは、暴れたりしません。「プロ」だから。それに、暴れる連中も、だいたいどこまでやれば大丈夫か、わかってましたね。開店は6時で、閉まるのは1時前くらい。1時までやってると風営法で捕まりました。それでゲストのバンドは、8時と10時の二回で1時間くらいずつ。

GS全盛期は、もう店の運営にGSバンドをブッキングするのは欠かせなかったです。私自身は、今だったらモダンジャズやハードロックの方がしっくり来ますが、「サンダーバード」を盛り上げるためには、GS呼ばなきゃ仕方なかった。基準はまず、踊りやすい曲をやってくれるかどうかですね。こっちも、ストロボ使ったり、ブラックライトで発色させたり、雰囲気作りには相当気を使いました。たぶんそういうのは、私たちが最初だったと思います。

正直いって、ゴーゴーホールは新宿ACBなどのジャズ喫茶に比べると、明らかに「格下」なわけです。だからGSでも一流どころは来ない。スパイダースやタイガースなんて、絶対ムリ。モップスあたりも、僕ら、メンバーとは仲いいのに、ホリプロが出してくれません。そのちょっと下なら来てくれる。たとえばオックスなんか、ホリプロに行く前のまだ無名時代は、スケジュール3カ月おさえたりしてました。もちろん「サンダバード」用でもあったけど、他の店にもスケジュール売ったりもしてま

不夜城を生き抜いた、その眼光が時折光る。

した。それ、けっこう儲かったんです。ホリプロ行って、メジャーになったあとは、もうダメ。風の噂で「失神してひっくり返ってる」って話を聞くだけです。
ギャラは一日5千円でした。『サンダーバード』の入場料が男500円、女300円くらいの時代。当たったら、すぐその10倍以上になっちゃいます。その点、ジャガーズは来てくれました。担当のマネージャーさんとは仲良かったし。内田裕也とフラワーズには月一回くらいは出てもらってました。彼らは新宿ACBにも銀座ACBにも常連で出てるレベルなので、ありがたかったです。もっともギャラは一日7万とかとられました。

「オレが出るから」って裕也さんに前払いしても、本人、来やしない。だけど、スチールギターもうまかったし、ボーカルの麻生レミさんが抜群にウマかった。

うまいっていえば、「M」なんて、今、「原宿クロコダイル」の社長やってる西哲也さんのいたバンドも、ソウル系で、テクニックは抜群でした。ただ、客はそういうのわかんないから、あんまり喜ばなかった。新宿も南口の方のゴーゴーホールなんかは、寺内タケシさんの寺内企画がブッキングしていて、バニーズとか、寺内系のバンドが良く出ていましたね。そりゃ、横浜のトンガった連中も呼びたかったです。ただ、ゴールデンカップスなんて相手にもしてくれません。なぜかカップスに行く前の柳ジョージさんのバンド（筆者注・パワーハウス）はよく来てくれて、リクエスト頼むと気楽にやってくれてました。

シャープ・ファイブ、シャープ・ホークスは、月一回はウチにも出てくれました。シャープ・ファイブのリーダーだった井上さんとは仲良しだったし、ホークスの（安岡）力也さんとはやたらと気が合った。ダイナマイツは、踊れる曲が多くて、お客の評判よかったですよ。ズーニーブーなんかは、デビュー前に出てもらって、その後のスケジュールも押えてたんです。そしたらデビューして、いきなり『白いサンゴ礁』が売れたでしょ。そうすると、ウチに出る時間がなくなっちゃった。

GSっていったら、ジョー山中もいた4．9．1も忘れられません。私も、例の上条英男さんと一緒に付いてたから。上条さんっていったら、西城秀樹や小山ルミなんかを売り出した「伝説のマネージャー」。とにかく、いいキャラクター見つけて、強引に売り出す腕はピカ一で、一種の天才。宇崎竜童が当時、プロダクションのマネージャーをやっていて、ウチにも顔出してました。トランペットが得意でしたよ。あと忘れられないのは新宿ACBの支配人だった井上（達彦）さん。よく怒られました。

あの後、ディスコや、今のスナックをちょっと小ぎれいにしたサバークラブなんかがハヤって、私もそれに関わったりもしたましたけど、もう70年代に入って、GSの時代は終わってましたね。


何かの参考になれば、と自分の持参した数冊の「東京25時」という、GS時代とはちとずれているけれど70年初頭の当時の最先端な風俗やお店をトピックする雑誌をパラパラめくりながら、野田会長の熱っぽい語りに一同引き込まれます。さすがは元役者、「野田劇場」に当初は気になっていた周りの喧騒も潮がひくように灰色になっていきます。それにしても山中さん、ICレコーダーとかそういうものを使わなくて大丈夫なのかな？　大学ノートにせせこましく速記しているさまはGS時代よりも遥か前の戦後文学の編集者のよう。

かくいうぼくもガラケー人間、録音も15秒しかできないのを知っていて、これは困ったアナログタッグの先行き不安な船出です。山中さんとお笑い界で旧知のマネージャー、ビートかずおさんも山中さんを時折微妙なまなざしで眺めているようす。2時間ほども野田会長はお付き合いくださいましたでしょうか。詳しくはちょっとあとの項になりますが、こんなにどっぷり芸能界のドンたる後光を浴びたにも関わらず、やがて聖地巡礼は二艘の難破船が新宿を漂流することになるのです……。ハラホロヒレハレ。

尚、新宿「サンダーバード」は、映画の撮影にも使われています。文中に出てきたオックスは、日活『女番長　野良猫ロック』に、ズーニーブーは『野良猫ロック　マシン・アニマル』に出演。封切はGSブームもとうに過ぎた70年ですから、失神が終わって、また戻ってきたという感じでしょうか。さらにいうと前者にはアンドレ・カンドレ（＝井上陽水）も唐突に出てきます。では今宵も、カンドレ・マンドレ。（＝ハングル語で〝へべれけ〟）

・2月27日原宿クロコダイル
～青春は甘く悲しく篇

原宿クロコダイルは、生きるGS聖地といえるかもしれません。今はロマンスグレーなGS紳士たちによる大人の社交場たるライブハウスです。戦友会、といったらそれは古すぎかな。もちろん若いバンドマンたちも黄金の鰐のしっぽに触れるべくひしめいています。

産声は昭和52年。GS全盛から10年、すでに嬌声もひと昔の開店になりますが、なにせ初代店長が安岡力也さん。晩年のマフィアタレントなイメージばかりが残像となってしまいましたが、元々はシャープ・ホークスというGSにルーツを持つお方です。ホタテマンが忙しくなってしまいお店を明け渡すことになったとか。ということは5、6年のマスター兼用心棒な力也酒場だったのでしょうか。音楽に酔いしれてもお酒に酔い潰れるのは難しそう。

そしてどういった経緯か、お鉢が回ってきたのが今回お尋ねする西哲也さん。今もイブシ銀

ぼくの初出演の名義は”田渕純グループ”でした。

にこよなくお店を守られている鰐の主です。西さんもまたその昔ＧＳ……とはいってもレコードの話を蹴散らし浮かれたネオンをねじ伏せもっぱら地下に潜伏しすさまじい演奏を轟かせ玄人たちをうならせていたという「Ｔｈｅ Ｍ」という伝説化されたバンドに在籍。ＧＳとはちと毛並みが違い、主戦場はジャズ喫茶ではなくディスコであったとか。ゆえに野田会長のお話からもその名前が度々うかがえました。

では経営者側でなく演者の立場としてディスコ黎明期の様子をお伺いしてみたい！

ということでこの日の取材と相成りました。この道のり、懐かしい……。というのもぼく自身、このクロコダイルにかつて度々出演させていただいた身なのです。しかも、ライブハウス

この表情で、西さんはいつもステージを見守ってくださっています。

デビューがこの地。タブ純聖地です。50年経ったら巡礼地になることでしょう。

冗談はさておき歩くほど近づくほどにに悲しい記憶がフラッシュバックいたします。クロコダイルはぼくが一度「廃業」を決意した場所でもあるのです。それもGSに打ちのめされて。〝新春リサイタル〟と称してハプニングス・フォーというこれまた職人の塊のような激渋GSと2マンでライブをしたのはかれこれ12、3年も前のことでしょうか。その再結成されたハプ4のあまりの素晴らしさに圧倒され、舞台に立つのが怖くて本番前にほとんどへろへろになるまでアルコール麻酔を加えていた自分のその情けないこと……。アンコールすら起きませんでした。アルコール漬けのアンコールなし。

帰り道で泣きながらひとり〝店じまい〟を決意して、翌日トラック会社に勤務する兄に運送の仕事がしたいと泣きながら電話で相談したものでした。昼間から吉祥寺のいせやのカウンターで。おいおい！　そう、あの頃は飲んでばかりいたなぁ。あ、今もか。しかしさすがに、ペットボトルでお茶を飲んでいる風情で宝焼酎を混ぜたお茶割りをライブの行きすがらに飲むような荒業はもうしないし体力的にできません。

西店長ともあの頃は恥ずかしくて目を見て、まともに会話などできませんでした。山中さんが取材を取り付けてくださいましたが、内心いやだったりしないかなぁ。ライブ中遠くからたむけられる西さんの優しいまなざしを思い出し自分を勇気づけます。「人と会う」というだけでも怖くて一杯ひっかけていた自分。いまは、たとえば目の前にいる山中さんの鼻毛がでていれば「鼻毛でてますよ」と目を見て言えるくらい図々しくなりました。とりあえず、生きててよかった。この日はマネージャーのビートかずおさんもお店の前で待ち合わせ。ビートさんはクロコダイルというよりひと昔前の「ラコステ」のポロシャツが似合う「ちょっと垢抜けだした藤正樹」たる方です。三人してのその階段を降りてゆくと懐かしきかな、金色の鰐のオブジェのたもとにあまり変わらない西さんの穏やかなお顔がありました。

西哲也さん　インタビュー

1946年東京・新小岩生まれ。ブルージーンズのバンドボーイとして60年代半ばに音楽の世界に入り、いくつかのバンドを経て、伝説のニューロックバンドといわれる「TheM」（略称「M」）のドラマーとなる。のちに桑名正博の「ファニー・カンパニー」にも参加。現在はライブハウス「原宿クロコダイル」の社長をつとめる。

私が所属していたバンド「TheM」は、GSの全盛期にレコードデビューしてないんです。デビューは71年。ルックスがあまり良くないとGSは無理だったし、Mは「キャーキャー言われるバンド」じゃなかったから。とにかくテクニック重視。正直、GSの波にはちょっと乗り切れませんでした。

当時、Mはロカビリー歌手として有名だった高松秀晴さんのやっていた高松音楽事務所所属でした。赤坂警察の裏にあった赤坂「チータ」は夜中から明け方5～6時までやってた店で、そこで同じ事務所だったリード、カーニバルズ（ジョー山中、ジョニー吉長らが所属）あたりとともに、よく出演してました。「チータ」は、お巡りさんが来ると電気が明るくなるようなアブナいところで、リードのマークが日本で初めてフィードバックを持ち込んだりしていたんです。井上堯之さんとか、山口富士夫さん、エディ藩さんなど錚々たる人たちがみんな聴きに来てましたね。それと、「赤坂ムゲン」なんて、僕らが日本人のバンドで初めて出たんじゃないかな。遅刻すると鍵閉められちゃうようなところで、出演していた外人バンドが強制送還されたりして、確か代役で出たと思います。その縁もあってMやカーニバルズがよく呼ばれるようになりました。

カーニバルズは寺内タケシさんのブルージーンズにいた市山正英さんが作ったバンドでした。僕は加瀬邦彦さんもいたころのブルージーンズのバンドボーイやってて、市山さんとは、そのブルージーンズ時代に知り合いになっていて呼ばれたんです。ジョー山中さんは、横浜で上条英男さんたちと4．9．1やった後、カーニバ

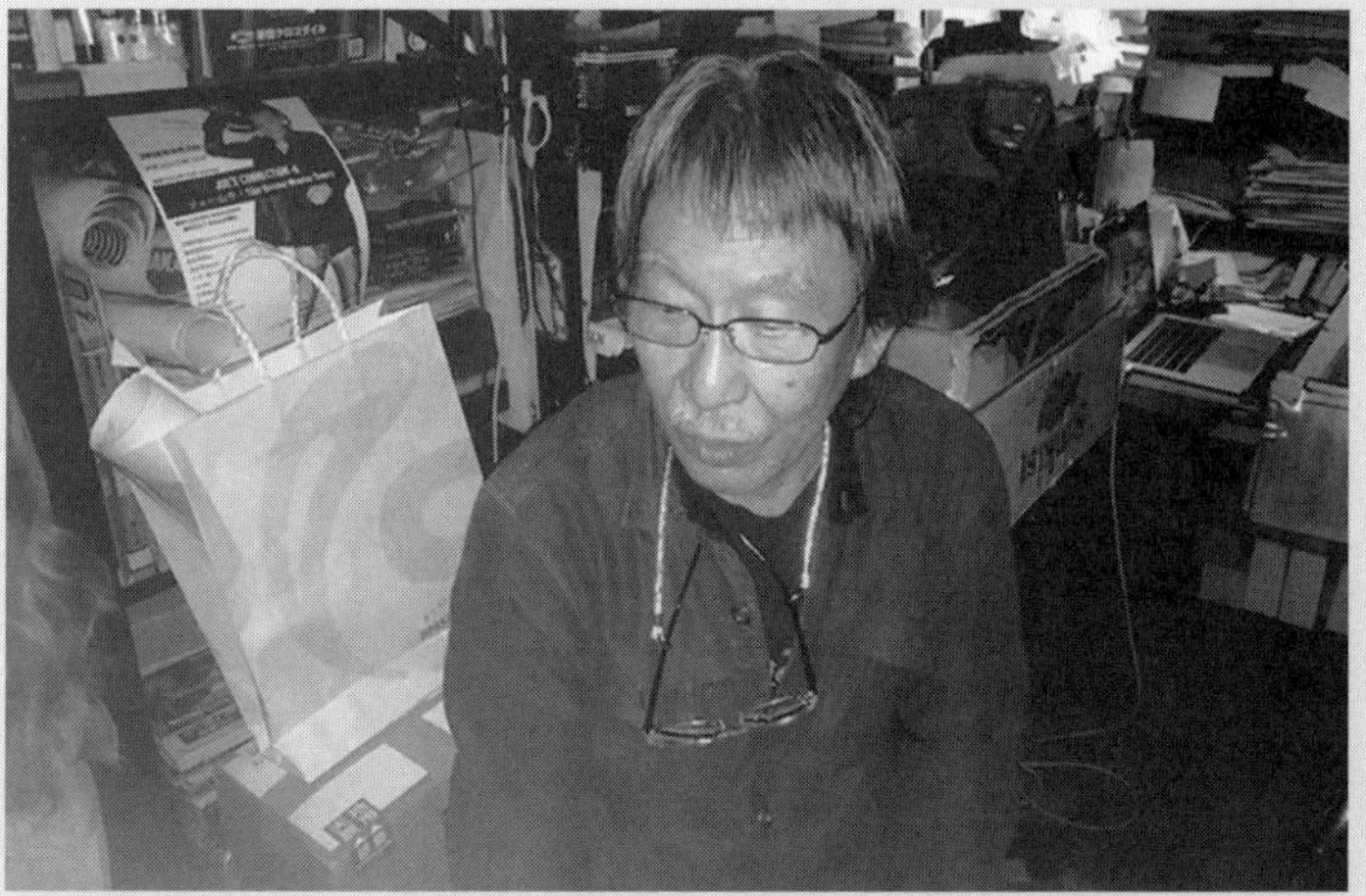
“東のキャロル、西のファニカン”そのファニカンでも70年代に活躍。

ルズに移って来ました。ただ、4．9．1では、リードボーカルはジョーさんではなく、沢さんという方でした。でもジョーさんの歌のうまさは評価されてましたね。もちろんカーニバルズではボーカルはジョーさんでした。

前田旭さんがシャープ・ファイブやりつつ、密かに作ったのがサンダーバーズで、望月浩さんのバックになったバンドです。望月浩とサンダーバーズの時、新宿ACBでタイガースと対バンもしてるはずですよ。Mに行く前に僕がいたギャンブラーズというバンドのリーダー・千葉さんは極左セクトのブントのメンバーで、新宿西口でも暴れた人です。そんな時代でした。Mのボーカルは垂水孝道でした。あとでイエローのボーカルになりました。結局、Mに僕がいたのは73年くらいまでです。それからボーカルのジャニーがドラムに回って、新しいMになりました。

僕はそのあと、74年に桑名正博さんのファニー・カンパニーにドラムで入りました。Mやファニー・カンパニーにいたころから、僕は、個人ドラマーとしてセッションなどをやりながら、「クロコダイル」には毎晩のように飲みに来てました。そのうち、中で働くようになって、79〜80年くらいには、クロコダイルの従業員控室に住んでました。つまりバンド10年クロコダイル40年。

バンドやめたころ、セッション的なレコーディングは多かったです。カルメン・マキさんもいたOZのファーストとかはやったし、忌野清志郎さんのアルバムにも参加しています。ジャガーズの岡本君は、僕も所属していた事のあるワイルドパンサーの前歌でやってました。ジャガーズの宮さんがメンバーと意見が合わなくてバンドから離れた時、僕も「ジャガーズ」のトラ（代役）のドラマーになってライブに出演したこともあります。ワイルドワンズとも、加瀬さんとの関係もあって親しかったですね。もともと村上さんと中井さんと池田さんの作ったワイルドワンズなんですが、それを

"師生"ガンさんの遺影のもとに。

加瀬邦彦さんが「ギターを弾きながらうたえるバンド」にしたんです。ドラムの植田芳暁さんがJ－JAXというバンドからワイルドワンズに移って、その空いた所で、J－JAXに僕が入ったんです。これがまさに僕の最初のプロ体験です。

僕にとっての大事な「師匠」といえる方は、やはり村上元一（通称ガンさん）さんです。ガンさんは昭和9年生まれで、亡くなって13年。もともとジャズの白木英雄クインテットやクレージキャッツ、寺内タケシとブルージーンズ、内田裕也さんなどのマネージャーだった方です。原宿からヤクザを追い出した男として知られ、とにかくコワモテ。「赤坂ムゲン」あたり行くと、ヤクザなんか、みんな逃げちゃう。僕は、ブルージーンズのバンドボーイ時代にガンさんと出会ったのをキッカケに、後に「クロコダイル」にも出入りするようになって、そのガンさんにライブハウス経営のすべてを教わったんですよ。

M時代には、いろいろな場所に出演してました。「サンダーバード」もよく出てましたよ。新宿ムゲンはハプニングス・フォーが九州から上京して最初に出てたところです。僕らも出ました。ゴーゴーACBは三階にあって、新宿ACBは甲州街道ぞいの増田屋というそば屋の地下だったな。池袋ドラムの向かいに中華屋があって、うまい店でした。ドラムに出た時はよく食べてました。サマーランドや富士急ハイランドにもよく行きましたね。

なぜか「ウエスタンカーニバル」にも出たことがあるんですよ。タイガースとテンプターズの間がMでした。悲惨でしたよ。キャーとキャーの間でシーン。何しろミーハーのファンがほとんどいない。それでもMの追っかけの中に、あとで女優になった池玲子と、歌手の藤圭子もいたらしいですよ。

今振り返ると、みんな楽しい思い出ですね。

何度もクロコダイルに出演しましたが、こんなに西さんとお話したのは今日が初めてでしょう。まったく自然に、古い仲間のようにお話できるGS共通言語。「ここで寝泊まりさせてもらってるうちにいつのまにかお店任されるようになっちゃったんだよね」と苦笑される後ろには今は機材などが積まれた二段ベッドが。その棚にはお話に出てきた「ガンさん」のご尊顔が穏やかに見下ろしています。長髪の西さんがボサボサ頭を掻きながら起き出してまたドラムスティックを拾う日常が透けて見えました。この部屋もまた、河川広がる果てのちいさなGS聖地です。自分もふまえ、青春という言葉が青白いトロ火のように（青い火は燃えさかる炎より本当は熱いのです）ちろちろ灯る今回のクロコダイル訪問となりました。

それにしても藤圭子さん、これまでアイドル的GSのオリーブの追っかけだったことは知られていましたが、玄人好みの「M」までも！　仙台のマミーさん（元・オリーブ）にはこのこと黙っておきますね！

・3月13日横浜聴き込み篇
～頼もしきかなフェニックス

3月、春の訪れをたっぷり感じるお天気のよい横浜の街です。横浜はやっぱり潮の香り。ちょっと強めの風もなんだか浴びていると魚になった気分でひらひら～と漂ったりしてみます。

あ、やばい、二人組の女学生さんにアブナイ奴という顔をされてしまいました。いまはちょうど正午前。学生さんはもうすぐ春休みでしょうか。思えばまともな人生ならこんな子供がいてもおかしくない40半ば男になってしまいました。

あぁ。そうこうしているうちにまたあのスキンヘッドが現れました。山中さんです。「いやぁ今日は花粉が多い、参りますよ。」と鼻をティッシュでぐじゅぐじゅ。〝お花に愛でられた海坊主〟なる言葉がぽこんと浮かび可哀想ながらちょっと微笑ましい光景です。

ハマの潮風が似合う「ＢＬＵＥ　ＪＡＹ」の看板。

さて今日の横浜は山中さんによっていくつかの行程が組まれましてそのスタートがここ京急戸部駅。横浜にゆかりの深い元ＧＳのお方が程近くでライヴレストランを経営されているということで、その開店前にお話を伺い、聖地巡礼・横浜篇の御指南をいただけたらのココロであります。

山中さんを船頭になかなか年季の入った、渋く重そうな扉が開かれるやまだ昨夜の熱気を残したような、暗くひんやりとしたライブ空間、その奥からミュージシャン然とした愛想のよい男性が現れました。

え？　この方が？？　申し訳ないけれどＧＳＯＢの皆さまとの対面はなかなかに味わい

フェニックスのデビュー盤。末期にも幻の第３弾がレコーディングされていた。

深い、引き出しの奥から出てきたマリモみたいに「ははぁ、こうなったかぁ」というような感嘆を心にもらしていることが多いのですが、現れた男性はこれまでで一番若き聖者たるいかり肩をされています。浅黒い肌もこの方ばかりはガンマＧＴＰでなく正真正銘日焼けからくるものでしょう。元フェニックスの佐々木秀実さん。

ハマのＧＳといえばやはりカップス。フェニックスたるや余程のＧＳ通でないかぎりぴんとこないかもしれません。少し解説しますとフェニックスはあの寺内タケシ率いるバニーズの弟の、そのまた弟バンド。つまりはエレキの神様もハマの潮風をまとった番長なのでありまして、フェニックスはその薫陶を浴びた末弟といえましょう。しかし寺内タケシさんといえば映画でソバ屋のオカモチかなんかやっていた（『エレキの若大将』）あのイメージがあって、どうにも洗練された横浜よりバタ臭い体育会系の匂いを嗅いでしまうのですが、横浜GSを知るにはおそるべき寺内勢力も知っとかなければあとでとんでもないオトシマエをつけられるかもしれません。

この方も若き日に寺内さんに竹刀で叩かれてしまったのかなぁとそのきらきらされている瞳の奥を見つめながら、いざインタビューに挑みます。

佐々木秀実さん　インタビュー

１９４９年横浜出身。69年、ザ・フェニックスに参加。30年前から地元・横浜・戸部のレストラン&バー「ＢＬＵＥ ＪＡＹ」を経営し、元ＧＳの人たちのライブ演奏を入れると同時に、自分でも「ＧＳトベンチャーズ」というバンドを組んで活動中。


中学時代からバンドやってました。横浜市立西中学校です。同じ学校に、あとで「ヒロシ&キーボー」で当てた黒沢博もいたし、そのお兄さんもバンドやってました。

そのあと、ずっと地元のアマバンドにいて、同級生だった山田光治がいたのもあって、フェニックスに誘われたんです。フェニックスの事務所は寺内タケシさんの寺内企画。

僕らの仕事は東京が多かったですが、寺内企画は横浜のライブハウスのブッキングも

「GS紳士録」ヤング部門一位。（タブレット認定）

相当手掛けてました。同じ寺内企画所属のテリーズなんかも、『ヨコハマ野郎』って曲出してましたね。事務所は別ですが、横浜出身ていうと、ジョー山中さんもいた4．9．1なんかもそうで、フェニックスも彼らとの対バンが多かったです。フェニックスから、寺内企画ではないボーイズに移ってまた一年やりました。ただブルージーンズやバニーズも含めて、寺内企画の絆は今でも強くて、ちょくちょくウチの店に顔を出してくれるメンバーがいます。

横浜で思い出の場所っていったら、やっぱり横浜プリンスかな。横浜駅西口の五番街の奥にありました。横浜じゃ、一番まともなジャズ喫茶。ああいう場所での対バンは、早く入った方が先に演奏するんです。30分刻みで4回ずつやるんですが、後ろに回ると最終回は9時過ぎになっちゃう。それでフェニックスがオックスと対バンやった時、僕らが先攻で、オックスがあとになった。そしたら最終回のオックスの時には、だいぶお客さんがいなくなってた。オックスに人気がなかったとかじゃなくて、ファンは中学生が中心で、みんな早く帰らなきゃいけなかったんです。客席も200くらいあって、やたら大きかったし。

横浜ACBはゴーゴーホールで東京の新宿ACBとはまったく違います。不良の巣窟。客がステージに座ってるんですから。出るバンドもダイナマイツ、それにモップスやゴールデンカップスあたりの、アイドル色がまったくない人たちが多かった。でもサンフラワーズなんてアイドルグループも出てはいましたね。怖かったですよ。未成年の女の子がタバコスパスパ吸ってて、煙かけられたり、ハーフや中国人も多くて、タトゥーしてるのがゴロゴロいましたから。一階が踊るフロアがあって、二階に椅子があって、150人くらいは入れたかな。トイレに行くでしょ。そうすると必ず血まみれのヤツが倒れてた。最初はゲストが出てたのが、そのうちバンド固定のハコバンになっちゃった。横浜のソウルバンドはよく出てた。トランプスなんかは、サム・クックやらせた

「トランプス」の回想では、より熱がこもっていました。

ら日本で右に出るものはいない、ってバンドでした。ボーカルの原くんは、僕とデュエットやろうって誘ってくれました。ブルーハーツも出てた。いや、『リンダリンダ』とは全然別のブルーハーツ。

怖いっていう点じゃ、もっとヒドかったのが伊勢佐木町の「ピーナツ」。客席は100人くらいで、そこそこメジャーなバンドも出てました。ジャガーズ、カーナビーツ、クリエーション、ブラックストーンズ、フリーランサーズ、青山ミチとか。ただ、売れると出なくなる。いわゆる外人パブなんですね。船乗りや兵隊が来るところ。彼らがチップだっていっておカネを投げてくる。おカネっていっても札よりも硬貨。100円玉とか。フェニックスが出た時も、おカネが飛んできて、メンバーの椿哲也は「ナメるな」って投げ返してました。あれはもったいない。外人のケンカは半端ないですよ。奥の方でMP（憲兵）をナイフでぶった斬ったりするんですから。ベトナムの戦場からそのまま来たような連中で、もう命のやりとりを日常的にしてるわけでしょ。たぶん雰囲気としたら横須賀に近いんじゃないかな。

福富町にあった「横浜ムゲン」も忘れられません。マリファナの匂いがしそうな、ちょっと大人の感じの妖しいゴーゴーホール。なぜか寺内企画がスケジュールを管理していて、バニーズやフェニックスもよく出ていました。オープニングだったか、ジャニーズ事務所のフォーリーブスも出てました。当時、寺内企画とジャニーズは仲良かったんですね。それで一時期、フォーリーブスのスケジュールを寺内企画が預かってたらしい。あと、「ムゲン」で暴れ過ぎた（安岡）力也さんが興奮のあまり失神して、バケツで水かけて覚ました、なんて思い出もあります。「横浜ACB」や「ピーナツ」に比べると、落ち着いた空間であるのは確かでした。ガキも外人もほとんどいなかったな。

まったく横浜には、いろいろなタイプのライブ空間がありました。

佐々木秀実さんは生粋の横浜人、お話のそこかしこに東京とは一線を画す、なんというかとげとげしいメリケン波止場な匂い、けむった霧笛がぷんぷんと感じられ大いにしびれるものでした。ぼくが思春期から黒澤本で培ったGSの知識、なかでも資料の乏しい「トランプス」というバンドの名前をしれっと出すや「君、トランプスも知ってんの！　すごいなぁ」といよいよ少年の瞳をされて、どれだけすごいバンドだったのかを熱く語ってくださり、聞いているぼくもすごいプラモデルをつくってくれる近所のお兄さんを眺めるように興奮しました。

次々と出るあの名前この名前、山中さんちゃんと書いてくれてるかなぁと隣りに目をやると……あ！　うとうとしてやがる（笑）。自分の視線に気がついたのかハタと覚醒し、山中さんは「あ、あのですね、そろそろ巡礼にあたっての場所をきいときたくてですね」などと今日は二本出てる鼻毛をそよがせています。佐々木さんはそんな鼻毛などどこ吹く風、当たり前のように脳裏に横浜の地図をさらりと広げさくさくとお膝元をナビゲートしてくださいました。ここは大丈夫でしょうね、山中さん！　バスの時間なども丁寧に諭してくださりあくまで紳士な佐々木秀実さんに丁重に頭を下げ、我々は次なる聖地、かの「ゴールデンカップ」へと歩みを進めるのでした。

・横浜探訪篇

〜ゴールデンカップの灯は消えず

「まだある」という言葉は本牧ゴールデンカップのためにあり。いきなり変な出だしで始めてしまいましたが、場合によっては悪くとらえられそうな「まだある」も、ぼくにはそれこそが最大の賛辞。こたつの中のおならの匂いがまだあるのはちょっといやですが、古き良きものはくたびれようが朽ち果てようがそこにいてくれるだけでいい。存在そのものがトロフィーなのです。

と、うまいことを言ったつもりで我々をゴールデンカップへと運ぶ「本牧車庫行き」のバスが順調にすべります。しかし……。車窓はさほどハマの香ばしさを映してはくれず、お天気のよい街の商店街がそこそこの小技を繰り出しながらカラフルに連なります。これはこれでルンルンなのですが、ゴールデンカップスのデビュー曲『いとしのジザベル』に思わず浮

さりげなくお出まし、ゴールデンカップ。

かぶような舶来の白い霧の街。草に刺さった英字の里程標。よくわからないけどそんな〝醸してくれる何か〟が特に見当たりません。これはどうしたことだ！　といぶかりつつ、「本牧一丁目」というバス亭に降り立ちました。

やはり回りを見ると、どこか懐かしいけれど、ぼくが子供の頃の「忠実屋」か「ユニー」なんかがありそうな、GSよりは西島三重子が歌いそうな商店街です。こんなところにゴールデンカップが？　迷うのもなんなので、と山中さんがそこの歩道の脇で何らかの旗を、そのおもりのところをよっこいしょと動かしている老人に声をかけました。この日は春何番だかで風が強いのでずれた位置を直

入り口にて。外国のおばさんに見えますね……。

していようす。「すみません、このへんにゴールデンカップという……」「なんや、わしや」「え?」「あんたら遅かったな、時間は守らなあかんよ」

なんと、この方がゴールデンカップのご主人であありました。「3分くらい遅れとるよ。ま、ええわ、こっちや、入り」見ればすぐそこに、かのゴールデンカップが! これは外観も期待に違わず、いや期待以上の渋さです。「おぉ、すげえな。」といつのまにか合流していた、古建築好きのマネージャー、ビートかずおさんも続いて店内へ。

わぁ。外の牧歌的な春が嘘のように、一瞬にしてこれぞナイトインホンモクなメリケンラウンジが広がります。こりゃシブイ。あち

白髪も綺麗な上西マスター。色男ぶりも健在。

こちに飾られたカップスのメンバーたちの在りし日の写真や、よく見れば勝新太郎が店内で談笑するショットなどが額縁に。なぜか「デニー白川」のスナップショットも。これはぼくしかわからないでしょう。なぜ飾る。一角にはこじんまりとドラムセットが鎮座しその上に「GOLDEN CUP」の文字が踊ります。カウンターの定位置に回ったご主人はすっかり〝マスター〟のそれ、よく見ればとても端正な顔立ちをした方です。かっこいい。ハマの空気にも不思議に馴染む京都弁でマスターのほぼ独演会が始まりました。

上西四郎さん　インタビュー

１９３２年京都出身。地元で婦人服関係の仕事をしていたが、本人いわく、「女のシリを追いかけて」横浜にやってくる。１９６４年、本牧で「ゴールデンカップ」を開店。ここから、ゴールデンカップスをはじめ数多くのミュージシャンが巣立ち、「伝説のライブハウス」と呼ばれている。

もうゴールデンカップスいうても、今でもかろうじてウチと付き合いがあるのはエディ（藩）だけやね。去年の10月くらいまで、月一回、ウチでライブやっとった。でも最近、電話があって、入院したらしい。（デイブ）平尾くんも死んでしまうし、まあ、しゃあないな。ゴールデンカップスのあと、矢沢永吉なんかも出とって、４

「音楽はよぉわからん」このスタンスが聖地を生む。

～5年くらい前かな、40年ぶりにひょっこり顔出しよった。黛ジュンもカップスと同じころに出とった。

店を開けたのは1964年12月7日。これは忘れられん。それで、すぐに店でライブ演奏が出来るメンバーを募集して、最初に出来たのが、平尾くんを中心にした「グループ・アンド・アイ」。平尾くんはまだ学生だったんじゃなかったかな。歌うまかったよ。プロに負けんくらい。はじめは学校の同級生集めたアマバンドだったのが、すぐにメンバー一新して、そのあとのカップスの連中が入って来た。平尾くんがいっぺんアメリカに行って、帰ってきてメンバー変えちゃったの。そしたら、もう金土日はいつも満卓で客が溢れるくらい来た。あのころ、生バンドってあんまりなかった。それをいきなり、店の真ん中にスペース作ってやらせたのも新鮮だったのかもしれない。

開店した時分は、ベトナム戦争真っ盛り。基地も近くて本牧もアメリカの兵隊だらけやった。そこでウチも、夜の6時から11時まではライブの演奏、12時過ぎたらアメリカ兵の時間、と分けてた。だからバンド目当てに来てる女のコなんかは11時まではいる。15〜16くらいの年のコが、よう家に帰れたと思うわ。

兵隊はしょっちゅうケンカしとった。一番始末が悪いのは、たとえば厚木のキャンプの連中と瀬谷の連中がぶつかったりしてケンカの「キャンプ対抗戦」になることやな。お互い、面子がかかって、ひくに引けん。こっちも何とかせにゃいかんから、兵隊の中でも強そうな黒人雇って、アルバイトで用心棒してもらった。アメリカンフットボールやっとる、ガタイのスゴいヤツ。でなきゃ、抑えられん。

素敵な店内。ホッピー派のぼくもバーボン片手に酔いたい。

ゴールデンカップスは、ケンカになったら、もう逃げの一手。ケガするだけやし、しゃあない。まあ、ゴールデンカップスは、オレにいわせたら「ポッと出」。出た時から恵まれてて、あんまり苦労してない。大学出で月給3万の時に、何倍も給料やってた。それだけ客が集まったのもあるけど。でも、音楽には心底本気で取り組んでたな。ギターの弾き方を教えてくれるような本もないし、譜面なんかもろくにない。あるのはジュークボックス。カップスの連中は、そのジュークボックスの音に合わせて演奏してた。それに店で知り合ったアメリカ人なんかに頼んで、LPレコード手に入れたり、自分で行って買ってきたりしてた。日本語の歌なんて、てんでうたわん。横文字オンリーや。デビューしたあと、『長い髪の少女』なんかは、ヒットして、みんなに「うたってくれ」って頼まれるから、しゃーないんでたまーにうたってた。

オレは音楽はまったくのシロート。それでもいろんなバンド聴いてれば、うまいヘタはわかる。ゴールデンカップスの、あの日本語の歌はあんまりいいとは思わん。ただ、今でもおるのよ。ウチに来て、「ゴールデンカップで『長い髪の少女』うたうのが夢だった」なんて言うお客さん。それ考えると、あの歌はウチにとっても財産になっているのかもしれん。

カップスが売れるちょっと前かな。「本牧にスゴいバンドがいる」って噂になって、有名人もお忍びで来よった。ビッグなところでは勝新やら（石原）裕ちゃんまで来た。ま、あの人たちはバンド目的より、飲みに来てただけかもしれんが。あいつらが当たった後、いろんな連中がウチに出た。たとえば柳ジョージとか。あとでカップスに入ったけどな。前にもいった通り、オレは音楽はシロート。ただカップスが出た後、「あとに続きたい」って、いろんなバンドが売り込んできた。

ベトナム戦争終わった75年からアメリカの兵隊が来なくなって、もう今はカラオケ中心のスナック。それでも「ゴールデンカップでやりたい」いうバンドはまだ多くて、月に10本くらいは生バンド入れてる。テレビやら雑誌やらの取材も、途切れずに来る。もう、関係者、どんどん死んどるのに。不思議なもんやな。

端的にいえば、マスターは音楽に興味がないのでした。「女の尻を追っかけて」ここにたどり着き、やはり色男ゆえ色恋沙汰は尽きなかったようす。かのゴールデンカップスもややもすると「なんかガチャガチャやっとったな」で片付けられかねないのでしたが、単純明快で非常に面白いマスターの喋り。GS抜きで人間聖地を拝んだ気分になります。明日には戦地ベトナムに飛ぶ米兵がバーボンとカップスと共に過ごした束の間の楽しい夜。米兵を語るマスターは時折目が遠く曇るようでした。ここでライブをやらせていただきたい、喉がそう疼くや「ええよ、いつでもやりぃ」とどこまでもあっさり、好好爺なマスター。

またお元気なご尊顔にお会いできますように……。

そういえばぼくは、小学生の一時期、次兄だけに「ゴールデン・ヤー・スユキ」と名乗っていたことがありました。(本名・康之)架空のスタアです。「ゴールデン・ヤー・スユキIN ゴールデンカップ」40年目の〝本物〟降臨ライブなるか?


素晴らしきゴールデンカップの白昼夢を余韻に、乗り込んだバスは「馬車道」行き。横浜はネーミングもそこかしこ素敵ですね。GSの横浜のご当地ソングといえば、真っ先にカップスの『本牧ブルース』が思い出されますが、この歌よくよく思い返せば「本牧」はおろか横浜の地名はひとつも出てきません。ただ男女の刹那的な、〝トゥーマッチ〟というのかな、間違っていたらすみません、そんな様子がカップスのサウンドに疾走するだけ。そこがまたかっこよかったりするわけですが、ムード歌謡も大好きな自分は、例えば『新潟ブルース』ならば〝古町通り〟、『池袋の夜』なら〝みくに小路〟というふうに、その場所を知らないけど語感から浮かぶ何となく情念うずまくネオンくらげな路地裏。やはり地名が入っていてほしいなという思いがどこかにあります。

他にGSの横浜ソングだと思い出すのが、テリーズの『ヨコハマ野郎』。テリーズは寺内タケシが超スパルタで叩き上げたというバニーズの弟バンド。（そのさらに弟バンドが先のフェニックスになります）力道山が大木金太郎に対してことあるごとに「この朝鮮野郎！」と拳骨を喰らわしていたという話を何となく思い出してしまうのですが（同志なのに！）、ここでは外人墓地が出てきたり、「サウスピア」というのが出てきます。この「サウスピア」、バニーズのインストナンバーのタイトルにもなってレコード化されているのですが、米軍接収時の名残りで大桟橋のことだそう。どこか特定の橋を指しているのかな、これはGSというよりエレキの神様の聖地ですね。

〝神様の聖地〟ってなんだかすごい。〝殿様キングス〟みたいなものか。そういえばムードコーラスでは同じ頃に津江不二夫とコンソルティーノというグループが『ダウンタウン横浜』なる曲を出していてこちらは〝親不幸通り〟なんていう地名が出てきます。光の当て具合によって色んな側面を醸し出す横浜の街。山中さんの頭のことをスキンヘッドと称していますがよく見ると毛があって失礼なこと書いてるなと後ろ頭を眺めつつバスは「馬車道」に到着しました。

ここからはお昼に佐々木秀実さんにお聴きしたGS聖地の実践編です。まずは横浜ACB。横浜にもACBがあった、というのはぼくもGS歴をだいぶ重ねたのちに知ったことで、文献にもぼくが知る限りは見当たらず、ＧＳのＯＢの方々の証言によって徐々に明るみになりました。今回のようにその店内の様子や場所を特定されたの初めてのことです。短命であった、いわば幻のＡＣＢといえるのかもしれません。

「佐々木さんは今の東横インのあたりだったって言ってましたよね。ならば間違えようもないですね」

と山中さん。確かに、間違えようもなければ、感慨にふけりようもない、まぎれもない「東横イン」がそこにありました。泊まるでもない男三人が見上げる東横インはただの巨大な鉄の塊です。誰からともなく「ここはここだと思うしかないので写真撮ってとっとと帰りましょうか」いっそう風が強くなり、飛ばされる髪を押さえながら山中さんがスマホでパチリ。パァパァ騒がしい外国人観光客も東横インをバックにはさすがに写真撮らなそう。ひょっとしたらこの横のビルの地下がライブハウスになっていて、こちらのほうが雰囲気があります。ともあれこの聖地巡礼はあれやこれや推理しながらその一帯の空気をたしなむことだから、これはこれで風に飛ばされて満足なわけです。ＧＳとともに雲散霧消。

次はこの日最後の「プリンス」に向かうため、みなとみらい線を使って過去の横浜へ巻き

伝説の横浜ＡＣＢも、跡地は大手ホテルに。

戻ります。「プリンス」は横浜では一番ポピュラーでオーソドックスなジャズ喫茶であったという認識があります。先の佐々木さんはそのビルのお名前まで記憶していて誠に頼もしい。しかしここでビートかずおさんが仕事のため抜けたため山中さんと再びアナログタッグに。

「とにかくここではこの〝太陽観光ビル〟っていうのを見つければいいわけです」

ふと大学ノートを覗くとびっしり書かれた山中メモはおそらく山中さん以外には解読不能なミミズの大群です。不安の源はこれか。失礼……。〝太陽観光ビル〟とは何やらひと昔前の響き。穂積隆信さんのような口うるさい部長が一室でまくしたてていそうです。

「で、そのビルが川に掛かった橋の近くの五番街にあるそうなんですよ」

川に掛かった橋。これはぼくの初動ミスだったのですが、そのイメージだけで自分が度々飲んだことのある飲み屋街の一角を目指してしまったのです。「五番街」がそこだなんて何の確証もありません。勝手に判断したその周辺にはそれらしきビルは無し。山中さんは「佐々木さんは相鉄側とも言ってたんですよね」それを早く言ってよ！　いや言ってたのかな。自分は人の話を聞いていないことでなかなか有名な存在。しかし最近になって気がついたのですが、山中さんも大きな図体ながらあまり主体性はないようす。全体的にトリオスカイラインの小島三児さんみたいなポジションでしょうか？

本来は笑いのプロである山中さんにそこは後で否定してもらうとして、相鉄側といえば東西でいえば真逆。自分は相模原住まいも長かったので、相鉄横浜駅の位置感にはさすがに自信があります。相鉄の駅に近づくとぼくが辻々の街灯に「五番街」とあるのを見いだしました。それはＪＲからも間近い駅のそばだったのです。ハラホロヒレハレ。

あぁ、ここか。この一角、確かに大昔からあまり変わっていなさそうなきな臭い繁華街なのです。ここならいかにも「太陽観光ビル」がありそう。ありました。果たして、青い工事

横浜プリンス跡。今にも壊されそう……。

用の幕に覆われたビルがそれなのでした。そう、間もなく取り壊されようとしているのです。なるほど、この煤けた鈍色のビル、これなら充分イメージが湧きます。プリンスは二階にあったといいますからこの建物から向かって端にある階段を使って往年は女子たちがパタパタと駆け上がっていったのでしょう。しかし階段の入口は工事用の赤いコーンによって侵入者を拒否しています。その反対の脇には管理人室があって委託されているガードマンにはすでに注意され、経験上こういう人はダメの一点張りなので突破口は残念ながらなさそうです。「♪も少し勇気があったなら〜」と加トちゃん版『ミヨちゃん』の一節が心に流れます。「しかしこうして取り壊される前をすんでのところで押さえられたのだから今日はよしとしましょう」とスマホを手にパチリと山中さん。確かに、我々はGSの女神に見初められているのかもしれません。

未解決なお話ながら付記しますと、この近くに「JAN　TOKUNAGA」と称された高級そうな紳士服屋さんがあって、〝ジャン徳永〟といえばザ・タイガースのラストシングルのB面『出発のほかに何がある』の作詞者としてクレジットされている謎の人物。なにか関係があるのかと初老のお店の方に尋ねると、「いや、わかりません」。

その答えの間になにか含みのあるような間を感じたのですが、今日までそのジャン徳永問題はわからないまま脱稿日を迎えてしまいました。

ともあれ縁起のよい「出発のほかに何がある」。まだまだ続く巡礼のスローガンのようで、これもGSの女神が耳元で囁いてくれたようでした。

・3月27日新宿徘徊篇
～気がつけばゴールデン街

「アルタで待ち合わせ」というのは「とりあえずビール」というのとちょっと似ている気がします。ぼくと山中さん、こんなに社会性、協調性のない二人でも新宿の待ち合わせはどちらからともなく「アルタ」になりました。交差点の向こうにスキンヘッドが見えます。もぐら叩きで半分出てひっこむやつがたまにいた気がしますが、山中さんは身体が大きいため大体周りからあのくらい頭が出ていて目立ちます。かくいう自分もでかい頭な上に茶色い長髪。今日は快晴なので新品の10円玉くらいの色かも。目立つので待ち合わせではおそらく遠くから山中さんも気がついてるかもしれませんが、わざわざ手を振るような間柄でもないので、こんな時は風の流れなんかを見てやり過ごします。

3月、ふわりと春を感じる陽気です。横断歩道を渡りきるや「それでですね」。冒頭でどーもくらいは言ったかもしれないのですが、山中さんは会うなり本題から入ることがよくあります。その本題がいきなり「今日の打ち合わせはワリカンで」だったりすることも。今日は初球何から投げてくるのか、ちょっと楽しみになりつつある今日この頃。

「タブレットさんのファンのおばちゃんたち、えっと誰さんでしたっけ？　ま、いいや。そのおばちゃんたちと会う4時までにサンダーバードとラセーヌだけは行っときたいんですよ」

なるほど。今は3時だから一時間で2ヶ所は済ませておきたいという算段です。山中さんの云う「おばちゃんたち」とは自分を長年応援してくださっている方々で、かねてから女学生時代に新宿ACBに通っていたというお話をよく伺っていて、それではACB跡地を検証したあと思い出話に耳を傾けながらお食事でも、と山中さんに提案してこの日の運びとなった次第。

「それはいいんですが食事代はワリカンでいいですかね？」

山中さんはピュアな方なのだと思います。〝しみったれ単刀直入〟というキャッチみたいなものがぽこんと浮かびました。そんな政党がひとつくらいあってもいいのに。潔くて気持ちいいほどのけち。取材した上にワリカン、というのはなんとも虫のいい話なのですが、「大

「王城」の周辺にて。ビルの「定礎」を捜すクセが身につきました。

丈夫ですよ、おばさまたちとてもいい方なので」ならんで歩く山中さんの肩の位置が弱冠さがるのを感じました。ほっとしたようです。

そんな話をしてるうちに歌舞伎町エリアへ。まず目指すのはインタビューをした野田会長が店長だったという最も手応えのある物件、サンダーバードです。山中さんによれば「野田さんは喫茶王城の向かいと言ってましたよね。王城の建物は今もあるので行ってみましょう」

お。頼もしい。これはたやすく今日の巡礼の門出となりそうだなと安心して山中さんの背中を追います。「あ、あれだ」通りを曲がって間もなく山中さんが指差すそこに喫茶王城だったという建物が現れました。因みにこの道を曲がってすぐのところにある「中華五十番」には先週ふらと一人で来ました。野田さんの道案内のなかで「昔よく食って今もある五十番ってラーメン屋」というのが一番自分は耳に残っていて、昭和な街中華も好きなぼくはさっそく訪れてみた次第。実にぶなんに美味しかった。いつか日本中にそこはかとなく散らばる「五十番」の謎にも迫ってみたい。あとラーメン半炒飯セットにチャーハンスープがつかないのがちょっと不満なのはぼくだけでしょうか？　山中さんなら伝わるかもしれない。

お話がそれました。旧喫茶王城はこれまで歌舞伎町を往来するなかで酔眼の横目にかすっていたほどですが「ここかぁ」と心でちいさくうなずく建物でした。ちょっと目にうるさいペイントはされていますがよく見ればバロック調というかそれこそGS的な古城を模しています。現役時代はさぞ素敵な珈琲が飲めたことでしょう。そしてこの向かい。これは俗にいうソープランドというやつではないか！　ぼくはこれまでその全貌をまじまじと眺めたこともなかったので、ちょっとこの機会に便乗して階段で入り下った先の鼈甲色した扉の奥深くをくいくい覗いてみます。我ながらアヤシイ。なんとなくアンダーグラウンドな匂いはするけれど、歌舞伎町は古今東西アングラといわれればそれまで。

ついでに社会見学。屋号に「紀州」の文字が浮かびましたが、ここは新宿。

と、山中さんがいつのまにかその隣りにあるちいさな酒屋さんらしきお店を尋ねています。「昔このあたりにサンダーバードってゴーゴーホールがあったの、知りませんか?」「知りません」もう一人いた方にも「いや、わかりません。」いきなり変な二人に「昔」の所在など聞かれ、しかもゴーゴーホール。お二人とも山中さんより若そうなのでお顔に「は?」って感じがありありと浮かんでいるのでした。

するとすぐ近くに、酒瓶のコンテナかなんかを椅子にした、よれた蝶ネクタイの佐藤慶のゾンビみたいな老人が缶ビールを飲みながらこちらを見ています。さっきから妖気のような視線は感じていたのですが……。「俺は40年以上前からこのあたりにいるが、そんなの知らない」山中さんひるまず「最高で500人くらい客が押し寄せたっていうんですがねぇ」すると「このあたりでそんなに客が入るとこあるわけがない。そりゃ何かの間違い」と全否定。するとぼくは急に変なスイッチが入って、階段をぐいぐい駆け降り、そのソープランドの扉を開け若い黒服の男性にも同じ質問を投げ掛けますが、結果は同じ。「なんだこのおばさん?」と顔がちょっとおびえていました。若者を怖がらせてしまった。

やむなくまた地上に出るとさっきの老人が「そんなとこ入ってんじゃねぇ！　バカか！」……。18歳くらいの頃、派遣のバイトで行った静岡かどこかの薬品工場の匂いがふとよぎりました。あの時もこんなふうに恫喝されたなぁ。しかしあそこ、薬品なのになぜかサツマイモのような匂いがずっと鼻について、あぁ自分はつくづくイモだなぁと思いました。「イモジュリー」とどこか地方の駅員に言われてすかさず殴り倒したというジュリーはかっこいい。「怒られちゃいましたね」何しにきたのかわからないまま、おそるおそるソープランド前のぼくを山中さんが隠し撮りして、翼を折られた二羽のサンダーバードはよれよれと退散しました。ここじゃない気がする……。

先行不安なまま次なる目的地「ラ・セーヌ」へ。桑原さんたちと待ち合わせの4時までそんなに時間がありません。しかし山中さんがさっと切り札のようにネットから拾ったという資料を見せてくれます。「ここはですね、名称もハッキリしていて今もあるこの中台ビルっていうのに昔のラ・セーヌが入ってたらしいんですよ」これは、さすがに楽勝でしょう。住所に符号したこの画像通りのビルを探せばいいのだから。

しかし……。その写真はビルの全貌でなく、部分的なショットのみ、外壁の雰囲気や入っている店舗看板などをもとに、かつてコマ劇場前の噴水のあったあたりをひたすら右往左往するのですが、どうにも判然としません。あれ？　楽勝ムードもどこへやら、しおしお交番に降板します。しゃれてる場合じゃない、なんとなくまた敗戦モード。いやいかんいかん。お巡りさんたちが地図を広げてくれます。「あ、あった」みればしっかり中台ビルという一角が記されています。お巡りさんに道順を聴きながら、再び楽勝の文字がちりちり燃えますが、一方で仄暗くありし日の田端での記憶が。

銭湯を求めて交番へ聴き込み、路地をくねくね汗をだらだら何十分、さいごには犬の散歩をしてた老人に「あぁ、その銭湯なら7、8年前とっくにつぶれたよ」これは極端にしても、東京の街は目眩く変わるもの、ましてや花の歌舞伎町、咲いては散ってまた吹雪き……。

結果的にいいますと、結局我々はこのラ・セーヌをも突き止めることができずゲームオーバーとなりました。あれほどはっきりと道順をきいたのに、そこにあるビルはどの角度から口説いても「ぼく、中台」とは名乗ってくれないのです。GSのOBにして「偉ぶらない大人代表」みたいな超温厚なおじさま、元ガリバーズの北久保誠さんに電話をつなぎながら時間をさいていただいたのですが、「何度も出た場所」とはいえ、やはり現場にいるわけではないのでこれも行き詰まり、そうこうしているうちにもう4時になります。あの歌舞伎町のゴジラに吠えられます。やはり我々「バカ」なのか。いやぼくもきっと山中さんもバカは承知で生きてるのだから（山中さん勝手にすみません）それはいいのですが、できれば美しくバカの本懐を遂げたい。それがこのGS聖地巡礼のモットーです。双六で「ふりだしに戻れ」を踏んだかのようにすごすご駅へ戻ると、桑原さんと大竹さんが安らぎの里のような顔を二つ浮かべて待っていてくれたのでした。

桑原さんと大竹さん

桑原光代さんと大竹静子さんとぼくとのお付き合いはともに10年ほどになるでしょうか。もっとかな。最初に知り合ったの桑原さん。高円寺のちいさな洋食屋さんを貸しきっての、相撲の親方を招いてのちゃんこパーティーの席だったかと思いますが、なぜ洋食屋でちゃんこなのか？はさておき、子供の頃から相撲ファンだったぼくは知人を介してお客として参加し、そこでいつものように酔っ払ってギターを取りだし流しでございとばかりにパァパァ歌っていたら、同じくお客であった桑原さんが何故かえらく気に入ってくださり……ざっと今に至ります。因みにその時の親方は貴乃花キラーだった元三杉里さん。今は角界をやめて中野で指圧師になられています。素晴らしく気持ちよいふかふかな大指をされていて、日々中野区民の身体をほぐし続けています。同じく角界から足を洗われた身も心もズタボロな元中野新橋区民・貴乃花さんの足ツボ癒しキラーにもなってほしい……。

それはそうと、自分は桑原さんがいなければ死んでいたかもしれません。何しろ酒浸りの金無し。沼袋のアパートでダザイではありませんが、毎日が晩年のような暮らしをしていました。そんななか手料理を運んでくださったりお小遣いをくださったり。やがてぼくは沼袋のアパートからむくりと起き出し「懐メロ会」を興しました。毎月二回、自治会館で歌詞を書いたプリントを配り真っ昼間からみんなでうたいましょうという会です。会費千円。ここでも桑原さんは「会長」になってくださいました。そこへ連れてこられたのが、桑原さんの女学生時代からの親友という大竹さん。桑原さんがちゃきちゃき江戸っ子気質なのに対し買い物を待つ犬のようにおっとりとされた方です。先ほどみんなでうたいましょうと言いましたが、「懐メロ会」は桑原さんと大竹さんしかいない日もありました。

月日は流れ「懐メロ会」は桃園自治会館から夜の「スナック花道」に場所を変え今では常時3、40名の皆さまが集まってくださるようになりました。そんなわけで永きに渡りお世話になっている〝沼袋の母〟なるお二人。二人とお食事をするとたいてい「ジャズ喫茶」のお話になり、女学生の顔に戻られます。とりわけ新宿のACB。「学校さぼって親に隠れてさぁ」「あの頃は楽しかったわよねぇ」というふうに。そんな微笑ましい光景を思い出し、この企画にぴったりとこの本のご参加を願うこととなりました。お二人は山中さんという異形にすんなり慣れてくださるだろうか、「なによ、失礼ね、あの海坊主」と耳打ちされるような事態にならないだろうか、やや不安ながら、一同くだんのACB跡に向かいます。

まもなく「ここよ」「そうね、このへんよ」そこは雑居ビルの一角で、大通りに面していたという予め得ていた知識とは若干立地が異なります。大きな道路と並行していますが、その陸橋ガードの下り途中たる位置。向かいには大塚家具があります。大塚家具はいまも火の車なんだろうか。肉親のくだらない争いはやめたらいいのに。「おかしいですね、これまで

GSたちがそばをすすった「増田屋」。聖地にダギングするのやめて。

聞いていた場所とちょっと違うなぁ」と山中さん。お二人もそれを聞いてやや自信がゆるぎだしている様子。とりあえず写真を撮りましたが、間違っていたら世界一意味のない写真になりそうです。

「そうだ！」うちの父がいました。うちの父も酔うとやたら新宿ACBに通った話を自慢気にしだす男なのです。中尾ミエのデビューを見ただの、やれツイストを踊っただの。ツイストに至ってはバラエティ番組に出て自分のギターでそれを実演する羽目にも陥りました。父に聞けば間違いない。

「明治通りと新宿通りの交錯した角のとこだろ」酒が入っていないと極端にテンションの

低い父が事も無げに教えてくれました。念押しでまたガリバースの北久保誠さんに電話。またこちゃんまたぞろスミマセン。「そのビルの増田屋ってそば屋まだあるでしょ、そこへよく出前してＡＣＢで食べたもん」増田屋はその大通りが交錯したビルにあり、ここからも見えます。どうやら間違いないでしょう。桑原さんと大竹さんの中にあったＡＣＢは乙女の夢のなかにほんの少しずれた男と女の歩幅の違いだったのでしょう。よくわからないけど。あえて横断歩道を渡り向こう岸から全貌を見ればとても大きなビル、そしてやや年季が入ってくたびれてみえます。「ここだったかもしれないわねぇ」「記憶なんてあてにならないわねぇ」と屈託なく笑うお二人。屈託なくビールでも飲みましょうと一同、早々と頭はお酒に方向転換。記念写真はＡＣＢの入り口であった、いまは地下のネット喫茶へとつながっている角と、隣に面する増田屋の二枚が山中さんのスマホに収まりました。増田屋はかつてここで度々ざるそばをすすった記憶がありますが、ここも隠れＧＳ聖地だったとは。そういえば増田屋ってのも結構謎です。

全国の増田屋が一同に介する「全国増田屋連総会」なんてのが年に一度とか催されたりするのだろうか。「増田屋の灯を消すな！　エイエイオー！」みたいな。一応古めかしいエレベーターで適当に4階あたりに登ってみましたが、どこのオフィスも撤退しているような気配。このビルも近い将来取り壊されてしまうような顔をしています。

それにしても、移動した先はライオンビアホール。タイガースよりもジャガースよりも勝る百獣の王のライオンとして東芝レコードが巨額を投じてデビューしたGSザ・ライオンズは大不発で奈落の底に突き落とされました。GS聖地を巡る我々にはちょっぴり縁起が悪い対談の地。考えすぎか。席があるらしき地下へ下ります。とりあえず、お勘定は大丈夫ですってば、山中さん！

桑原光代さんと大竹静子さん　インタビュー

ライオンビアホールにて。

大竹　私たちがACBに通ってたのはGSよりちょっと前になるわね。
桑原　そう、昭和30年代の真ん中くらい。
大竹　ほら、スケートがはやってて、私なんか皇太子のご誕生をスケート場で知ったくらい。
桑原　あのころのACBのスターっていったら、スリーファンキーズかな。長沢純に高橋元太郎もいた。途中で脱退したけど。
大竹　久保明は出てた。内田裕也もカッコよかったし、それにACBのアイスコーヒーはとってもおいしかった。

桑原　でも、やっぱり私たちが一番追っかけてたのはドリフターズ。
大竹　そうドリフターズっていっても、あのいかりや長介がリーダーのじゃなくて、その前の桜井輝夫のころね、

え？　これだけ？　送られてきた山中原稿は半分以上が余白。正味二時間はいたと思いますが。つまるところ、桑原さん、大竹さんはGS世代ではないのでした。GS時代にはご結婚されていて子育てでGSどころではなかったと。通われていた女学生時代　はロカビリーの尻尾の頃。そういえばうちの父とスナックで同じクネクネ動きで踊っていたような。

というわけで「これはGSではない」と判断した時点で山中さんはペンを放りジョッキ一辺倒になったのでしょう。予測はしていたのですが、それはそれで面白いかなと、閑話休題なお時間です。もう少しお二人のエピソードを付記しますと、お二人は揃ってコミック夜明け前の「ザ・ドリフターズ」の追っかけで、桑原さんはギタリスト小山威さんにお熱。女学生二人して小山さんの家まで尋ねていったこともあったそうです。当時は「明星」とか「平凡」に××荘とかスタアの住所が記されていた信じられない時代ですからそうして突き止めたの

でしょうか。お茶をいれてくれて帰されたという紳士な小山さんは近年お亡くなりになったと風の便りに聞きました。大竹さんもやはりドリフターズのシンガーだったという高松秀晴さんのファン。当時は珍しい自作自演歌手で『山小屋の少女』という小ヒットがあります。この方のお名前が、すでに登場した原宿クロコダイル・西哲也さんのお話で、西さんが在籍されたバンド「M」のマネージャーとして出てきていたので、これもびっくりでした。全ての道はGSに通ず。

さいごには「××さん最近腰が悪いらしくてさぁ。」「××さんったらスナック花道の××ちゃんにお熱なのよ。」などとただのご近所トークに。原稿にはならないけどほんわか楽しいビアホールの夕べでした。〝沼袋の母〟たちとお別れし、明日はそういえば午後から池袋巡礼ですが、何となく飲み足りなかったのか山中さんに連れられ新宿ゴールデン街へ。初めて何となく哀愁漂う山中さんの横顔を眺めた気がするのですが気のせいか。気のせいですね。ついでに言うとその小さなお店「ビッグリバー」には山中さんのサインが飾られていました。それも気のせいか。

いつもカラカラ笑う桑原（くわはら）さん。でも「クワバラさん」と云うと怒ります。

おっとり刀だが、スタアの話になると突然キャピキャピになる大竹さん。

・3月28日池袋探訪篇

〜GS少女は美魔女となって

このGS聖地巡礼の旅。そもそもこの場合の「聖地」とは当事者たちがそう称えているのではなく、オーディエンス側からたむけられた表現になるのでしょう。今更言うまでもないナ？　演者や関係者の皆さんにとってジャズ喫茶などは言い換えれば「仕事場」だったわけで、その土地への思い入れ、熱のあり方は比べようもありません。

あるいは苦い思い出だってありましょう。そうして我が身を鑑みると、ぼくのような者は後追いファンであり、「伝説」としてGSを遠い月のように眺めているわけで、こうしてさまよっているのも浮遊霊同然の行為です。自分はまぁ辛うじて生きてはいるけれど、建物や時間のほうが死んでいて、それを眺めているという逆浮遊霊。

逆浮遊霊って何それ？　といま自分でも思いましたが、それでは当時GSの追っかけだっ

マミさんは今も夢見るGS少女のまなざし。

た人々は聖地における魂たちの地縛霊ということになるのか。すみません。なんだか変な文章になってきましたのであらためて、なにが言いたいのかと申しますと、ここはひとつGSの当事者のみならず、当時の追っかけ少女たちにとってのGS聖地観をお伺いしてみたい……。

「夢見る魔女マジョリーことマミさんは取材どうでしょう? タブレットさんのことも知ってましたよ」

山中さんは2冊の素晴らしくドメスティックなGS本をこれまで送り出していて、その過程で当時のファン代表でもあり、多彩なGS人脈を持つその方と接点を持っていました。

ぼくはその出版記念ライブなどで、お客として来場されていた妙齢の女性を思い出し、「あぁ、あの方かな？　確かファンを通り越して芸能界に入られて、ダンサーみたいなことをされてたっていう方ですよね？」結構お話もしたかもなのですが、場所がライブハウスなだけにたぶん泥酔か酩酊だったぼくはお名前までは認識していませんでした。やはり芸能関係の方だけあってお顔立ちの整った目立つご婦人だったのは記憶しています。

そうしてマミさんは、元々はタイガースの熱狂的追っかけだった女学生の身からいろいろあって業界に入り、オックスやオリーブといったホリプロ系ＧＳの皆さんと当時はおろか現在まで交流があるといいます。

次なる我々の目的地、ナベプロ以外のテリトリーだったという池袋界隈のジャズ喫茶事情にも明るいだろうし、なによりファンの立場からいつのまにか自らが演者になってしまったという点がそそります。ちょっと違うけれど古本屋に座っていただけなのにいつのまにかマヒナスターズのメンバーとして舞台に立っていたぼくと共通するものが……ないか。

ともあれマミさんにあらためてお会いしてみたい！　ということで山中さんセッティングのもと、池袋駅で待ち合わせです。

昭和なサウナで昨夜の新宿のお酒を抜いて、3月の爽やかな風で濡れ髪をそよがせていると遠く山中さんが女性を伴って現れました。

同伴システムのお客とホステスのようにもみえます。失礼。あ、やっぱりあの方がにっこりと手を振っています。

ご挨拶もそぞろに、お決まりの山中さんによる〝マックリサーチ〟（200円前後でコーヒーが飲める場所探しの通称）を経て、2人席に3人が詰め寄るかたち（軍人将棋なら山中さんが審判役の側面）で、いざマミさんインタビューの始まりです。と、お話をふりかぶる間もなくちいさなテーブルにはマミさんが鞄から次から次と取り出したセピア色の手帳やファイルが積み上げられていきます。ごくり……。

夢見る魔女マジョリーこと
マミさんインタビュー

1952年生まれ。中学時代、東映の児童劇団所属時代にGSに目覚め、やがてタイガースの追っかけに。16歳で「ティーンズ」のメンバーとしてスカウトされ、ハニーポピーズ、ポテトチップス、スピッツを経て「リッキー&960ポンド」三代目ボーカルとなる。数多くのテレビ番組に出演し、GSとの共演も多数。結婚後、1987年アメリカに移住。2007年からは東京在住。

1967年、私は、通っていた中学でお昼休みに校内放送で流れるベンチャーズの曲を聴き、家では、スパイダースやワイルドワンズの曲をテレビやラジオで好んで聴いてはいたけど、特に夢中になるでもなく、レコードも買わなかったんですが、同じクラスの友達が「タイガースってかっこいいよ〜」と言ったのをキッカケにテレビでのタイガースに注目するようになりました。『シーサイド・バウンド』が流行り始めた初夏の頃ぐらいだったかな？　間もなく、新聞のラテ欄に「タイガース」が載っていれば出来る限りその番組の音声をテープレコーダーで録音し、月刊誌・週刊誌のタイガースのグラビアや記事は、目にする限りスクラップブックに貼って保存するぐらいの大ファンになっていたんです。授業中はピーのグラビア写真を定期入れのようなケースに入れて、机に置いて、いつも眺めていましたよ。

そして友達がチケットを入手したというのでクラスメイト4人で、ブルー・コメッツ、スパイダース、そしてタイガースが出演の武道館公演に行ったのが1967年12月2日、生で観るタイガース初体験でした。座席は最上階で、右斜め下のステージ上に見えるタイガースは遠すぎて顔もよくわからないほどだったけど、私達は熱狂し、私は「ピ〜〜！ピ〜！」と泣き叫んだことを覚えてます。その日からもうタイガースに夢中、一週間後の12月9日に初めて池袋ドラムに行ってタイガースのステージ5回全部見ました。それからはジャズ喫茶（池袋ドラム、新宿ACB）はもちろん、同じ武道館での新曲発表会（68年3月10日）、後楽園コンサート（68年8月12日）日劇ウエスタンカーニバル、ファンクラブ限定のイベントなどタイガースに会うために出来る限り行っていて、1968年夏休みには、当時ジュリーが住んでいたマンションの窓を夜通し見上げて徹夜したり、朝早く地方から帰京するタイガースに逢いに上野駅に行ったり、ジャズ喫茶が終わればタクシーで追いかけてついて行ったり、よくぞお小遣いがあったものだと今更ながら呆れるほど、本格的追っかけ少女と化し、時には嘘をついて学校を早退してでもタイガース最優先の生活でしたね。

私、13歳から児童劇団に所属していたので、当時からテレビ局や撮影所に慣れていたような面があり、出演者のフリをして入口のガードマンに「おはようございます」とニッコリ挨拶をして難なく通してもらえたので、タイガースが出演する番組のテレビ局に潜り込んだことがありました。スタジオの裏の部屋に紛れ込んだら、そこに出番待ちのタイガース5人が入ってきて、私は咄嗟にそこにあったグランドピアノの下に隠れたんだけど見つかってしまい、恥ずかしい思いをしたことがありました。夜遅く、ジュリーが住んでいるマンションのエレベーターのドアのところで、「もしかして研二が降りて来たりしてね」と、いつも一緒に行動していた同じ児童劇団所属の一つ年下14歳の女の子とおしゃべりをしていたらエレベーターのドアが開いて本当にジュリーが乗っていたので「きゃ～、ほんとだ～」と叫んで逃げたこともあったっけ。あ、当時、私達のような常連追っかけファンは、「ジュリー」じゃなくて、「研二」と呼んでたんです。

うちは、父親は厳格だったけど母が取りなしてくれてたし、お小遣いもその都度くれてましたね。ジャズ喫茶代や追っかけのタクシー代などある程度お金も必要だったの。ジャズ喫茶はタイガースが出ていた池袋ドラム、新宿ACBにしょっちゅう行ってました。特に池袋ドラムはタイガース以外のGSの時も時間があればよく行っていて、お店のボーイのお兄さん達が妹のように可愛がってくれて親切に便宜をはかってくれたりしたので、ステージが入れ替え制でも私達2～3人は出なくていいよって言ってくれて、料金も1回分400円で全ステージ5回見たりしてました。

私、最初ピーのファンだったのに、気が付けばジュリーファンになってましたね、何かキッカケがあったわけじゃないんだけどね。でもバンドとしてのタイガースや演奏レパートリー曲がとにかく大好きでした。とにかく池袋ドラムの時はほぼいつも同じ席に私達が居るので、メンバーが顔を認知してくれていたのが嬉しかったですね。私は同じ児童劇団の、一歳年下14歳の女の子といつも一緒にタイガースの追っかけをしていたんですが、メンバーに覚えてもらいたい気持ちもあって、二人お揃いで作ったピンクや白のサテンのブラウスを着て、金の星をほっぺたに貼ってたので、その効果もあって覚えてくれたみたい（笑）。

タイガース、ジャズ喫茶ではリクエストタイムがあって、でも例えば『モナリザの微笑』『シーサイド・バウンド』とかオリジナルレコードの曲のリクエストは初級ファンというか、ダサいという感じだったので、ジャズ喫茶でしかやらない洋楽のレパートリーを覚えて、何をリクエストするか考えましたよ。私はいつも『スキニー・ミニー』をリクエストすることに決めていた時期があって、リクエストのコーナーではファンが手を挙げてジュリーが指してくれたらやって欲しい曲名を言うんですが、私を指してくれることが何度もあり、私が『スキニー・ミニー』をリクエストしたら、「あ、この前も『スキニー・ミニー』って言って、やらなかったんだよね」と言ってくれたりして、嬉しかった。まぁ、今思えば『スキニー・ミニー』も幼稚だったなぁと思うけど（笑）。ある時、私達より古い18歳の先輩ファンが、ジャズ喫茶ではタイガースがよくやっていた『Out of Time』をリクエストしたんですね、ストーンズの。そうしたらジュリーが「あ、なかなかウルサイですね、あ〜、いつも来てる人だ」なんて言って満足気だったのね、私としてはそれが悔しくてね(笑)。タイガースのレパートリー曲をメモしたノートは当時からずっと今でも持ってます。

1968年5月19日、前の日からタイガース追っかけをしていて夜が明け、今度はその日のチケットも買うために明け方新宿ACBに行ったら、向かい側のガソリンスタンドにテンプターズの松崎君とブルが居たのでサインをもらい、それから新宿ACBでタイガースのステージを見た後、タクシーに乗ろうとしたら、何故か横から(内田)裕也さんが同乗してきて、私たちが驚いて文句を言うと「いいじゃないか、一緒でも」というので、結局一緒に乗って「じゃ、その代わりサインして」ということで裕也さんにサインをもらいました。それで、裕也さんと一緒にタクシーに乗って渋谷に行き、裕也さんは「これからタイガースのメンバーが来るんだ」と言ってVAN(ゴーゴー喫茶)に入って行ったけど、私達は前の日から家に帰ってないし徹夜だったしで、後ろ髪をひかれる思いで帰りました。

そのころ、私自身、東映に内緒で小さな事務所からの派遣タレントとしてテレビのGS番組にもゴーゴーガール的な仕事で行ったりしてましたが、フジテレビ『若さで歌おうヤァヤァヤング』や東京12チャンネル『ジャポップス・トップテン』『R&B天国』などの番組にはティーンズという6人の女の子がレギュラーダンサーズで出ていました。メンバーには後に青い三角定規で歌手デビューしたクーコもいました。で、ある日『R&B天国』のオーディション募集を偶然目にしたので応募したら合格。番組で踊る大勢の一人として何度か行っていたある日、突然スタジオでティーンズの振付師でもある事務所社長の竹部董先生に「君、ティーンズに入らないか?」と声を掛けられ、二つ返事でメンバーになったのです。なんでも、メンバーの一人が足を痛めたのをきっかけに脱退することになったとか……。

その日からティーンズの一員として加わり、東京12チャンネル『R&B天国』やフジTV『レッツゴーヤングサウンズ』などレギュラー出演していたGS番組やステージの仕事と振り付け・レッスンで学校との両立に四苦八苦しました。でも私がティーンズのメンバーになってからタイガースと番組で一緒になったのは『レッツゴーヤングサウンズ』の特番で1回だけ、『青い鳥』を踊りました。私は追っかけファンだったことがタイガースのメンバー達にバレるのが体裁悪くて嫌だしヒヤヒヤし

『夢みるバッカサミーラ』はこの巡礼の裏テーマ曲に。

てたんだけど、たぶんジュリーは気付いていたと思います。その当時、しょっちゅう番組で一緒になって知り合ったのがオックスで、彼らのステージも、1969年春ぐらいから池袋ACB、新宿ラセーヌ、銀座ACBに観に行くようになりました。オックスは、まぁ学校の先輩というか、上級生のお兄ちゃんみたいな感じかな・・・?
タイガースやオックスだけでなく、中学時代から行っていたジャズ喫茶でバンドの生演奏を聴くチャンスが頻繁にあり、洋楽はだいたいオリジナルよりも先にGSの演奏で知った曲が多かったです。ティーンズのあとメンバーチェンジして結成されたハニーポピーズの頃は、にしきのあきらさんの『空に太陽がある限り』でテレビやステージ全てでバックコーラスと踊りをやっていたので、超忙しく、高校へもタクシーで登校したり、欠席・早退・遅刻の連続でした。にしきのさんが超売れっ子だったのでね。にしきのさんのショーには元カーナビーツの初代ボーカル臼井さんがソロ歌手「青山啓」という芸名になって出てましたよ。ハニーポピーズ時代は堺正章さんのショーにも出たりしたし、あと当時やはりソロ歌手になっていた元オックスの2代目キーボード夏夕介さんと仕事が一緒になったりね。

その後、ポテトチップスというグループでレコードデビューしたものの全く売れなくて、マネージャーが私だけを残して新たなメンバーでスピッツという女の子3人のグループをやっていた頃は、1972年12月には池袋ACBでオックス解散後ソロになっていた野口ひでとさん（現・真木ひでとさん）と対バンで出たり、

1973年5月には草刈正雄さんのコーラス&ダンスで日劇ウェスタンカーニバルに出たり……。あとは元オックスのメンバーがやっていたピープルの勧めがあって、新宿ラセーヌの彼らのステージの時に数曲歌わせてくれたりしたこともありました。それでスピッツも色々煮詰まってきた1973年6月に、昔、ハニーポピーズ時代に私が同じ事務所だった「リッキー&960ポンド」に誘われてメンバーとなり、翌1974年に『夢見る魔女』というレコードが発売になったんです。ちょうどその頃、元タイガース森本太郎さんがやっていたバンド「スーパースター」と対バンで六本木の会員制クラブに出ていた時期があって、その時にジュリーとサリーがお店に遊びに来て、私たちのステージを最後まで観てくれてましたが、こんなこと15歳のときには夢にも想像出来なかったこと！

思えばティーンズのメンバーになる前15歳の頃にタイガースのステージを数え切れないほど観たことが、その後の私の音楽の好みや感性に大きな影響を及ぼしているに違いないし、1968年に知り合った色々なGS関係の方達とのご縁がきっかけで今の自分の人生や人間関係があると言っても過言ではないと思っています。

マミさんは子供の頃から日記をつける習慣をお持ちだったようで、武道館で泡粒ほどのザ・タイガースを初めて目の当たりにし、「ピー‼　ピー‼」瞳から星が飛び散った瞬間、その乙女が恋わずらった夜の筆圧までもが古紙の匂いとともに伝わってきて、これはもうGS版『愛と死を見つめて』です。

とにかく寝ても覚めてもタイガース。女の子たちが時に「フン！」「イー！」「べーだ！」などと小競り合いしながらも次の瞬間には泣いて抱き合っていたり、そんな少女フレンドなうるるん絵巻が目眩くお話から伝わってきます。そんな中、亡くなったばかりの裕也さんのいかにもな「らしい」行状にも噴き出しました。ひとつ、訂正しなくてはならないのは、マミさんはGS少女になる前から習っていたバレエを通じて芸能界に関わられていたこと。見目麗しきマミさんがGSと共にステージを踏むことは古代ギリシャや中世ヨーロッパから約束されたことだったのです。ひとしきりたのしいお話を聴き終え、それでは池袋にて聖地巡礼実践編です。

かつてのGS少女の後をついて歩く犬2匹。マミさんの動きに迷いはありません。

池袋ACBは浅草東洋館にも通じていた！

「そうそうこのホテル、ここがまんま池袋ACBのあったとこよ」

　えっ。そのホテルは、毎年のように浅草東洋館の松倉会長によって新年会の余興をまかされ訪れていた場所でありました。「松倉会」でムード歌謡など歌いながら、ひそかにGS詣も毎年果たしていたのです！　ホテルに隣接されているコンビニはその昔喫茶店があって、

「ここでみんな時間つぶしたりしてたなぁ。ここのカレーライスが美味しかったのよねぇ」

　カレーライスはカレーが個別に入ったやつ、あの入れ物は、そう、グレイビーボート。ライスと分かれて出されたやつに違いない。

外観や中身は変わっても、ビルそのものは変わっていないことも。

勝手に決めてGS少女が食べた黄色いカレーの味まで口中に広がります。
それにしてもGSと浅草東洋館までもがつながったことに密かに感動しながら、次なる聖地は、池袋「ドラム」。いまは響かないドラムへと移動します。マミさんが颯爽とゆくのはサンシャイン通り。このへんは確か戦後GHQに接収されA級戦犯が処刑されたというスガモプリズンがあったというエリア。そんな面影は微塵もないデジタルで高化学スモッグな喧騒です。山中さんの頭にふと東条英機の無念を思います。ぼけっとしてる間にもマミさんはとあるビルの一角を指差していま

池袋ドラムへの地下階段。ＧＳ少女たちの幻影が連なる。

した。「ここよ、間違いないと思うわ」そこはファーストフード店へと続く地下入口の階段でした。マミさんによればここは建物もおそらくそのまま、さまざまな店舗への転用を経て今に至っているようです。階段を一歩一歩下ってみれば、ＧＳ少女たちのはちきれんばかりのときめきや親に隠れて忍ぶ後ろめたさがじんわり胸に広がります……。マミさんとその階段の途中、旧ＧＳ地下濠で記念写真。山中さんのスマホによる写真をその都度チェックされるマミさん。

「やだー、これ変なかお～。こっちがいいかなぁ」

ヤングレディな一面は今もキュートに健在です。巡礼を終えて駅へと歩く道で、近く外国に戻られることやティーンエイジなお嬢様のお話が。このくだりで恥ずかしながらようよう知ったのですが、マミさんは外国人の方とご結婚され長く海外に移住されていたのだそうです。厳格なお父さまに隠れてお母さまに小遣いをもらってジャズ喫茶へ足繁く通っていたマミさんは、きっと年頃のお嬢様にも寛容な優しいママなのでしょう。山中さんと丁重にお礼を述べて夕暮れのいとまごい、そのときマミさんが山中さんの顔をしげしげあらためて見直します。

「あのぉ、ごめんなさいね、今日ずっと鼻毛が出ていらして、気になってたの」

大丈夫です！　いつもですから。何故かすかさず代弁している自分がいました。浮遊霊でも地縛霊でもなく美魔女デマレー（マミさんの本名はデマレー麻未さん）。ヤングレディなまま今後もこよなくGSを愛し続けることでしょう。

追伸…丁重にお借りした、マミさんも1枚しか所有しないというご自身のデビュー盤『夢見るバッカサミーラ』（ザ・ポテトチップス＝昭和46年）は無断であちこち電波に乗せてしまいました。すみません！　あちこちで爆破。あぁ、バッカサミーラ〜。

・4月6日新宿リターンズ
～感動のニューACB篇

新宿のGS聖地巡礼は、結局うやむやなまま、お酒で思考もぐにゃぐにゃになって終わってしまった印象。これではタイトルに恥じることになってしまいますので、今度はGSOBを迎えての新宿巡礼リターンズとなりました。

いよいよ春めいた快晴の正午。今日は気分を変えて百果園さんの前で待ち合わせです。百果園さんといえばカットしたパインやメロンを割り箸の片割れで刺したやつ。店先で100円とかで売っていて、夏場はちょいちょいそれを頂いてシャクシャクとやりながら歩くのが楽しみ。今日はすでに汗ばむようなカットフルーツ日和ですが、初対面の方に向かっていきなりシャクシャクは失礼なので我慢します。山中さんと待っていると細身で長身ながら腰の低そうな風情の男性が現れました。丸山芳春さん。元アルファードの方です。先にGSOB

と申しましたが正確にはちょっと違う、後追いファンにおいて〝アフターGS〟〝ポストGS〟なんて称されるバンドのリードボーカルだった方です。つまり遅れて来たGS。プレデビューは71年なのでGSももはや過去の人状態、王者タイガースも解散したその年です。そしてそのタイガースと非常に深いエピソードを持つバンドなのですがそれはおいおい勿体振りながら。丸山さんについては既にGSマニア本でインタビューなど拝見し、その語り口はとても誠実さが窺われ、何より確かな記憶力。実際の丸山さんもやはり紳士でそして色白でちょっと女性的な、優しいお顔をされています。いわゆる母性本能をくすぐるタイプとみえバンド時代はさらにモテモテだったことでしょう。

「アルファードのデビュー盤は高校くらいの頃マニアの方からダビングされたテープを入手したんですが、ぼくはB面の『帰らぬ少年』のほうが切なくて好きでした。」

「よく知っていますねぇ。あれは作曲したタローさんがその場でイントロ考えてくれてね。だから『青い鳥』にちょっと似ているでしょう」

歩きながら、すぐに密会のような会話に。そう、今出てきたタローさんとはタイガースの森本太郎さんで、作詞のほうはやはりタイガースの岸辺修三さん。今やすっかり名優となっ

物腰柔らかな紳士。丸山さん、胸には今もＧＳが灯る。

た一徳さんです。このようにデビュー盤がタイガースメンバー作品という僥倖にあずかったアルファード、遅れてきた中高生たちにＧＳのドリル復習のようなバンドです。

「失神なんかはどうでしょう?」

「いやぁ、あれは恥ずかしくてできませんでした」

ＧＳを知らなければちょっと不気味な会話です。

そうこうお話しているうちに山中さんによりマクドナルドの一席が手配されました。二階も一杯、三階の喫煙席へ煙草を吸わない３人が階段をえっちら昇ります。スタバくらいは範疇に入れてね山中さん。この煙はＧＳ神話末期の夕靄と思って、いざ腰を据えて丸山さんのお話を伺いましょう。

丸山芳春さん　インタビュー

１９４８年長野県出身。大学時代に、ザ・タイガースのサリーこと、岸部おさみの叔母が経営する新宿の喫茶店「のっぽ」でアルバイトをはじめる。「のっぽ」が縁となって「アルファード」の結成に参加し73年の解散まで所属。バンド解散後、５～６年、新宿歌舞伎町中心に弾き語りをやったが、カラオケの時代に。なんとかしなくてはと猛勉強して試験を受け、渋谷区の公務員に転職。

僕は長野県上田市出身で、上京して大学に入っても、長野県出身者の寮「千曲寮」でエレキバンド組んでたんです。最初はベンチャーズに夢中でした。ただ大学は入ったころは、まさにGSのピーク。もちろんタイガースに憧れていて、サリーさんの叔母さんが経営されている新宿「モナミ」の前を、偶然通りかかりました。でも、気後れして、なかなかお店の中に入る勇気が出ない。やっと意を決して入ったのが1968年1月7日。日にちもはっきりおぼえています。それだけ僕にとっては大事件だったのです。

「モナミ」はカウンターとボックスだけで10数人で一杯になる小さい店でした。とにかく狭かったけど、タイガースゆかりの店ってみんな知ってて、若い女の子のお客さんが押し寄せていました。それで、その年の夏に、すぐ何軒か先に「のっぽ」作ったんです。確か、一週間、「モナミ」閉店と「のっぽ」開店の間が空いてます。僕はいつのまにか「のっぽ」でバイトとして働きはじめて、カウンターでスパゲッティとか作ってました。「のっぽ」は2階まであって、50～60人は入れた。夜にはお酒も出すようになって、タイガースのメンバーも、ほとんど取材だけど、よく来てましたね。特にサリーさんは来てくれました。ウエスタンカーニバルの空いた時間に来たりするんです。タローさんも来てた。たまにジュリーさんや内田裕也さんも見かけた。でも取材や写真撮影で忙しくて、話すどころじゃなかったですね。

これが「のっぽ」のタイガースジュースを模したマッチ。コンプリード！

「のっぽ」の店内はタイガース関連だけ。壁一面にはデカいパネルが貼られていて、ジュークボックスには、タイガースの音楽がいっぱいで、タイガースと一緒に過ごしてる感じ。客層は中高生の女の子がほとんど。みんなタイガースファンでした。当時、「のっぽ」では甘いブラックティー（京都産）を「サリー・ジュース」として出していました。で、どうせならと、タイガース全員のジュースも作ったんです。これはサリーさんも一緒になって、お店のスタッフ全員で考え出したんですよ。「ジュリー・ジュース」がストロベリージュースとカルピス。「タロー・ジュース」がパイナップルジュースとカ

広告マッチラベルはぼくも一時期集めていました。イカス！

ルピス。「ピー・ジュース」はグレープジュースとカルピス。「トッポ・ジュース」はメロンジュースとカルピス。なぜかみんなカルピスが入っていました。ついでにいえば、僕は、そのころから、いろんなマッチを収集してて、タイガース5人のおそろいのマッチは、特に自慢のコレクションです。

「のっぽ」にいてもバンドやりたくて、ウズウズしてました。やっと「のっぽ」の仲間を中心にメンバーが揃ってアルファードがスタートしたのが1970年5月です。初舞台は新宿のビアガーデン。夏に半月やって、赤坂のサパークラブ「メイム」にも出演しました。当時はやりの絨毯バーで、GSのメンバーやフォーリーブスも遊びに来てたのを覚えてます。みんな飛び入りで歌ったり演奏したりで楽しかったな。

もちろん一番忘れられない強烈な思い出が1970年12月20日のタイガースの新宿ニューACBでの最後のライブ。そして、このニューACBは、二階席からタイガースのステージを見て、何度も「ああなりたいな」と夢を持った場所だったんです。タイガースの解散コンサートは翌年1月の日本武道館でしたが、ニューACBはこの日が最後でした。そんな大切なステージだったのに、ちょうど下の階にあるゴーゴーACBに出演していた僕らに声をかけてくれて、一曲だけアルファードを呼んでうたわせてくれたんです。『涙の想い出』。サリーさんが作詞でタローさんが作曲。そういう縁もあって、あいつら呼んであげようよという思いがあったのかも知れません。緊張で足が地につかなかったですね。初めて立つニューACBのステージは夢のようでした。ジュリーさんにも、ステージ上で「下（ゴーゴーACB）でやってんの?」と声をかけてもらったのが嬉しかった。タイガースのファンの皆さんもちゃんと拍手してくれた。その『涙の想い出』は一応、僕らのデビュー曲になる予定で、ビクターで録音はしましたが、編成会議でボツに。でも音源が残ってて、最近出したタローさんの50周年記念CDに入れていただきました。

僕らがバンドはじめたころにはGSは衰退期で、「のっぽ」の客数も減っていました。でも、僕らは音楽が出来ることが楽しくて、毎日、突っ走ってる感じでした。71年以降は、新宿ニューACBは毎週出てた時もあるくらい。ゴーゴーACBは70年から出てました。もっとも、ニューACBでも僕らは平日。有名バンドが土日。ゴーゴーACBにはM、ソウルフル・ブラッズ、エブリデイ・ピープルなんかも出てました。池袋ACBにもアルファードは出てました。

事務所は入っているような、いないような。72年に荒木一郎さんの現代企画に入るんですが、それまで無所属。その72年にはバンド数も減って、GSは有名無名とか関係なく、出演するようになってました。そのころのニューACBにはモップス、ハプニングス・フォー、オリーブも出て、特にオリーブは熱狂的なファンを持ってましたね。しかし僕らが青春を燃やしたニューACBも72年のうちに閉鎖になって、GSの時代は完全に終わったんです。

繊細なお話ぶり同様、丸山さんは思い出ある品々をファイルに几帳面に保管されています。ふつうな何気なく捨ててしまいそうなジャズ喫茶の番組表、そして色とりどりのマッチラベルは、ジャズ喫茶に限らず、ディスコ、スナックなんかまで、貴重な風俗文化的資料です。「のっぽ」に至っては色違いの揃いの5種類、インタビュー中に出てくるタイガースジュースのイメージのそれで、メンバーに合わせた各フレーバーまでご記憶されてるのには感動、口中にその甘酸っぱい想像を広げながら生唾を飲みこみつつ、丸山コレクションも堪能しました。

さて巡礼は、そのタイガースジュースが施されていたサリーのお店から、店員もされていた丸山さんのナビゲートですからこれは心強いったらありゃしない。それにしても〝甘いブラックティー〟だったサリージュース、いまの岸辺一徳さんの妖しい低音そのもののようで、実のお姉さまが考案されたとか、先見の明を感じます。丸山さんはさすが、さくさくと迷うことなく雑踏をかき分け、そしてぼくも馴染みある新宿三丁目の一角で立ち止まり「ここですね、ここにあったのが「モナミ」。今は当時の面影も跡形もないけどね」なるほど。ぼくはこのすぐ先にある「呑者家」（どんじゃが）という飲み屋にマヒナスターズの頃メンバーとよく来てはいつのまにかお店で寝てしまい、しらじら朝を迎えていたなんてことがよくありました。「タブリン！　こらっ帰るぞ」とその腕を引っ張られる感触を何となく思い出します。最近は阿佐ヶ谷姉妹さんとも来て最後は介護ヘルパーして頂きながら帰りました。とほほ。そんな「呑者家」はわりと老舗ながら丸山さんのご記憶にはない様子、おそらくGS時代の50年前の街角とはまるでかげかたちもないのでしょう。「で「モナミ」がお客いっぱいで手狭になって移転してつくったのが「のっぽ」。それもすぐこの先なんですよ」角をひとつ曲がった目と鼻の先、今は時間制駐車場になったこの辺りで、丸山さんが無風状態の空を仰いでいます。ぼくはそれを見ながらエプロン姿で長髪の丸山青年がカウンターでタイガースジュースをつくり、それを女子たちがこそこそ「ねぇあのカウンターのコもイカスよね。」などと囁いている光景を思い浮かべました。

ジャズ喫茶と比すればその姉妹版たるちいさな聖地巡礼、春のうららかな「岸部のアルバム」を後に、いよいよニューACB跡地へと歩を進めます。跡地というか建物は現存、歌舞伎町の好立地に長年存在する「ACB会館」は「ここはあのACBではない」とは早くから聞かされていて長年謎だったのですが、こちらが「ニューACB」だった場所というのを今回丸山さんへの取材で初めて明確に知りました。新宿ACBの支店、二号店ととらえてよいのでしょうか。

「やっぱり本家ACBよりはランクは少し下がるよね。でもここへ初めて出られた時のことは一生忘れられませんね。何せあのタイガースと同じ舞台に立てたんだから」この奇跡を呼んだ丸山さんがこうして今日いたからこその50年目の再演か、我々はこの聖地巡礼最大のハイライトたる素晴らしい時間を共有することとなります！

このアシベ会館の、ニューACBだったひとつ下の、現役営業たるビリヤード場の方が大変親切な方で、「1時になったら別の人間が来ますんで、いまがらんどうですけど上入ってみますか？　よかったら鍵開けますよ」階段にも立ち入り禁止たるロープがしつらえてあって、こりゃ無理かなと諦めかけていたのですが、やはり丸山さんの後光を感じてか思わぬ神の一声。村上昇さんのご案内によってこのあと昇天いたします。ここからは丸山さんが非常にまとまった美文でこの日のことをご自身のサイトで書かれていますのでそちらを転載させていただきたいと思います……。

タブレット純さんが、GSゆかりの地を巡り、当時に思いをはせるという趣旨の本を作りたいとのことで、少しだけお手伝いすることになりました。2019年4月6日の土曜日、昼過ぎに新宿歌舞伎町へ。「ラ・セーヌ」「サンダーバード」のあったと思われるところを歩いてみるのですが、正直いってよくわからない。お店はもちろんのこと、ビルもどんどん新しくなっているので、判断がむずかしいのです。また、証言者の記憶もムムム……なのです。ガリバーズの北久保さんの記憶している「ラ・セーヌ」「サンダーバード」の場所と、ボクの記憶とは、まるで違っていたくらいで。いったい、どちらが正しいのか、自分でもよくわかりません。新宿ムゲンのあったビルは、そのままだったので、すぐにわかりました。

サリーさんの叔母さんの店「モナミ」「のっぽ」も、すでに存在しないため、ここにあったという確認だけ。ACB会館のビルは、ありがたいことに、まだ存在していて助かりました。5階のニューACBのあったところは、今は何もない状態になっているとのこと。なんとか見れないものかと粘った結果、親切な方がいて、見せてもらうことになりました。私たちに新宿ニューＡＣＢのフロアを見せてくれたのが、ＡＣＢ会館の４階のビリヤード場で働いている村上昇さん。非常に親切な方で、一度うかがった際に「あとで別の人間が店番に来てくれるんで、上を開けて見せてあげるよ」といってくれたのです。

エレベーターで5階にあがり、入り口のカギをあけてもらう。中は薄暗かったですが、確かにあのニューＡＣＢのフロア。背の高いステージは無くなっていましたが、二階席のつくりはそのままで面影が残っていました。そして、なんと、１９７０年12月20日に、僕らがタイガースのいるステージに降りて行った、楽屋からの階段が、まだそのままあったのです。

ボクは思わずその階段を途中まで昇ってみました。そして振り返ると、あの日の客席が一瞬見えたような気がしました。

それは、とても不思議な、過去と現在がクロスオーバーしたような空間に見えま

「のっぽ」跡地は駐車場。時折出入りする車をよけながら……。

この辺は残念ながら、面影も跡形もありませんでした。

した。外から入ってくる光がとてもまぶしい。あれから約50年・・・まさか、再びこのニューACBのあったフロアに立てるとは思わなかった！　こんなうれしい瞬間を作ってくれた皆さんに、深く感謝したい思いです。

画像は、薄暗いつまらない写真に見えるでしょうけど、その昔、ジャズ喫茶として、多くの女の子たちがタイガースなどのグループサウンズを見て青春を過ごした、それは素敵な空間だったんです。

ＡＣＢ会館は今も健在。

４Ｆビリヤードの村上さん。この方の温情が聖地の架け橋に。

暗闇にさす光がＧＳの栄枯盛衰を呼び起こす。

タブレットさん、ルポタージュっていうのはこういうのを言うんですよ、私のハゲ頭がどうだとかそんなんじゃなくて、と山中さんにお叱りを受けてしまいそうな、当事者ならではの感動が見事に伝わってくる一文です。アルファードのメンバーは、再結成ライブをした矢先の10年前、立て続けに二人のメンバーがお亡くなりになったとき、丸山さんの胸にはまずその方々への思いがあったのではないでしょうか。アルファードとは「さまよえる星」という意味があるそう。「のっぽ」の常連の歯科医の卵の方が見つけて教えてくれたというとても素敵な言葉、この廃墟にさしこむ光が天体をつくり、さまよえる星たちが一同に会して運河となったよう。ふたつはかけてしまったけれどまたアル

この階段を降りたらファンの嬌声が！

ジュリーが指さしたであろう二階席も形はそのまま。

ファードがタイガースの幻影に見守れながらのあの日のように『涙の想い出』を奏でてくれることを願っています。もちろん『帰らぬ少年』も。懸賞で当たったというファンがアルファードに権利を与え50枚のみがプレスされたというシングルも奇跡に他なりません。今では市場でン万で取引されるとか。欲しいなぁ〜。

バンドをやめてからは渋谷で堅実な公務員になられたという丸山さん。風少年がそのまま齢を重ねられたような優しく素敵な方、その去りゆく背中にはメジャーデビューにして人生の先が見え解散の引き金になってしまったという悲しきシングル『ひとり行くさすらい旅』が今は颯爽と流れるのでした。……と、ここで終わっておけばいいものを……。『ひとり行くさすらい旅』は『混血児リカ』というタイトルから突っ込みどころ満載な映画で使用された曲。（でも作詞が新藤兼人！　家でも妻を〝乙羽さん〞と呼んだ敬虔な方です）ここで主人公リカの子分のズベ公でチョイ役で車にひかれる方がいま葛飾の青砥でスナックのママをやられていています。先日も遊びに行ったとき「ミキに会ったらいっぱいお小遣いもらうわよ〜」と悪戯っぽく笑っていました。ママは元漫才師ミキ&ミチのミチ。ミキは〝世界の〞北野幹子さんであります。だから何？　チャンチャン！

・4月22日GSのメッカ
～サマーランドで春の遠足篇

サマーランドへ行くのは一体何十年ぶりでしょうか。おっと、自分も過去を振り返るに何十年などという齢になってしまったのか。小学校2年くらいだったかと思うので、四捨五入すればざっと40年もの前のことだから何十年も然りです。

歳とったな～。以来2度目。そう、子供の頃に来たのは1度きり、家族でのお出かけはそれは嬉しいことでしたが、一方で向かう場所が「波のあるプール」などと聞き泳げない自分は（今も全く泳げません。人間が水に浮くことすら疑惑）さぞや恐ろしい場所に違いないと漠然たる不安に気が重い車中だったことも思い出されます。

あ、このサマーランド行きには家族の他にぼくのお友達も一人同行していました。うちをカモにしているタヌキみたいな顔した家電屋さん（今は亡きサンヨー製品の小売店）による、なんか顧客に商品買わせる為の招待イベントみたいなやつで、その貰った券が一枚余ったから、その近所のお友達に声をかけたのだったと思います。思い出そうとすれば思い出すものだ、帰りの車でそのお友達の「目がうっすら開いたまま眠っている」ことに恐怖したことまで思い出しました。

そんなセピア色の記憶からまだ存在するサマーランド。なんというかシュールというか素晴らしい。その日は4月ながら夏を思わせる陽気も、時折そよぐ風はまだ爽やかなそれで、駅からはノスタルジーに浸りながら歩いて行ってみることにしました。

住まいの中野から八王子駅でなくもうひと手段、中央線を立川で降り青梅線に乗り継いで秋川駅からならば徒歩でなんとかおっちら行けそうです。交番でざっと道を聞き、いざひとり遠足スタート！　なかなかにルンルン気分で街道を進むと、信号待ちの車のひとたちとたまに目が合いますが、エプロンにモンペ姿の自分（私服）はきっと昼食済ませて午後の畑に向かうおばちゃんにみえるに違いない、自分が自然と風景に吸い込まれていくような長閑で気持ちいいロケーションです。

そのうち、見聞していた秋川渓谷が広がってきました。わぁ、橋の欄干で銀紙はがしておにぎりでもかじりたい気分です。子供だったぼくも車窓からこの景色を眺めたのでしょうか。

サマーランドのおでまし！　ニッコリ太陽さんマークもそのまま。

そうして歩くこと20分ほど、ちょっと侘寂ただよう古めかしい案内看板、そして何やら拡声器からプスプス放たれているような牧歌的な音楽が、現場に近づいていることを教えてくれます。ドキドキ。

そして河川に沿った道を折れると、遠くサマーランドさまが現れました。ははぁ！　なんだか古城を拝むようです。この広大な駐車場からの光景、ひどく懐かしく胸に去来します。ここだけで川崎球場くらいはありそう。この日は平日ということもあって停まっている車はごくわずか、人影もなくまことに閑散としています。しかし閑散にのほほんとルビをふりたくなるような、悲壮感のない堂に入った静けさです。

時折小鳥がちゅんちゅん。そうだ、この敷地内になぜか二階建てのロンドンバスがあったのを思い出しました。しかし当時でもそれは廃車となっていたような。子供心にも遠い昔からあったようなサマーランドの印象、ほぼ変わらず威容をたたえていることに感動しながらいざ扉を開けると、そこには広がる赤い絨毯……。この光景も白昼夢のように記憶の色彩が広がりました。この絨毯の上に何やら家電が並んでいて、それを縫うように裸足でパタパタと駆けていた我々子供軍団。ふと目頭があつくなります。レトロな喫茶店、お土産屋さん、どこも派手に手を加えることもなく庶民に「良質の南国」を孫の代にまで手塩にかけて提供し続けているサマーランドさん、いやはやあらためて素敵な施設ではありませんか。

いっそプールにまで身を捧げてしまおうかとゲートからうろうろ内部を覗いたりしていると、若く感じのよいアロハな係員さんが、やはり異形だったのでしょう、自分を取材の者と察して声をかけてくださいました。そうしてプール施設内にもよかったらどうぞ、とゲートを快く通してくださいました。


きた、一気に広がる真夏の熱気!

『進め！　ジャガーズ　敵前上陸』では若貴母（憲子さん）も水着で炸裂。

波のあるプールと嬌声が残響となって、今は昼寝。

あぁ、この昭和南国な景色も、娯楽映画で登場するGSシーンの面影を充分に残しています。まさにGS聖地巡礼！　と、これで終わってる場合ではありません。山中さんとの約束時間を1時間も早く来てしまったぼく。施設内のラーメン屋にでも入ってその時間を待つことにします。その誰もいないラーメン屋さんのTVでは「令和に残したい平成の名曲」なるキャプションのついたPV映像が流されていました。平成も終わろうというのに昭和の奥深くをつつこうとやってきて味噌ラーメンなどすすって汗をだらだら流している自分に我ながら戸惑いますが、心配ないからね、必ず最後に愛は勝つ。（食べ終えた時、流れていました）残響をたずさえ時空を泳ぎながら再び施設外へ。風が心地よく汗をかわかしてくれます。

山中さんにもバブリーな頃はあったのだろうか。まさかあの巨体を揺らしながら自分と同じように徒歩で現れるのではあるまいか。現れました。徒歩です。「いやぁ、ずいぶんありますねぇ」といつものスキンヘッドの汗をふきふき。バス代をしぶったのでしょうが、山中さんもきっとノスタルジア散歩が好きな性分に違いない、そこはこの施設に寄り添う渓流のようにお互い心につながる何かがあります。

しかしこんなスキモノたちをサマーランドさまは取材にどこまで応対してくださることでしょう。聞けばわざわざ当時を知る元社員の方がこのために出向されるとか。

応接室にて。優しい「サマーランド校長先生」川合さん。

あらためて館内へ、果たして現れた紳士は非常にオープンな笑顔で我々を迎えてくださいました。そしてたどり着いた先はうやうやしいシックな応接室。申し訳ない気持ちになるひまもなく、側近の方が次々と持ち出してきてくださる膨大な当時の写真やチラシに生唾を飲み込み卒倒、思わずソファーにお尻がめりこみます。わぁこりゃすごい……。いきなりこんなにも協力的な皆さま、誠に頭が下がります。下がったまま写真に没頭。ここはひとまず冷静でいられる山中さんにひとしきりインタビューをお任せすることにいたします！

川合友文さん　インタビュー

1949年東京出身。学生時代は日劇でアルバイトをしていたため、ウエスタンカーニバルなどは現場で体験。女の子ファンの投げたテープの片付けをやったりしていた。サマーランドに就職したのは1971年。すでにGSが下火になったころだった。

サマーランドには、最初、いずれサーキット場を作る予定だったんですね。それで東宝やTBS、トヨタ、日産などが資本参加して「東京サーキット」という会社が出来て、そこがサマーランドを運営することになったんです。開園したのは1967年。TBSに、レコード大賞の運営にも携わっていた高橋さんという方がいて、その高橋さんが東京サーキットの取締役をやっていた関係から、音楽業界とは太いパイプが出来たんです。髙橋さんがかつて長寿番組『兼高かおる世界の旅』という番組を担当されていたこともあってパンアメリカン航空とも関係が深かったんで、外人ミュージシャンも呼ぶことができたのではないかなと思っていました。1968年には、当時大ヒットしていた『ダンス天国』のウォーカー・ブラザーズも呼んだりしていたらしいです。長さが1メーター50くらいある、タングステンの長いピンスポットをわざわざ買って使ったりもしたけど、そのピンスポは扱いづらくて、二度と使わなかったようです。

GSもちょうどブームの真っ最中で、よくGSのイベントがあったみたいです。フィリップス・レコードのグループ・サウンズ・フェスティバルなんて、スパイダースを始め、トップクラスのバンドが何組も出て、観客も盛り上がっていたらしいです。ジャガーズの映画『進め！　ジャガーズ　敵前上陸』とか、サマーランドがロケ場所になった映画もありました。残念ながら、私は71年入社でもうそのころはスパイダースもタイガースも解散してましたが。でも、寺内タケシとバニーズなんかは、よく出てもらったかな。

実はサーキット場になる予定が消滅して、1970年にはサマーランドの経営は東京サーキットから東京都競馬に移ったんですね。それで元ＴＢＳの高橋さんも退職されました。ただし、ミュージシャンを呼んで、ステージで演奏してもらう形は続きました。当時、日本では、ドーム型で、雨がふっても中止にならない場所は珍しかったんです。ウチと常磐ハワイアンセンター（現・スパリゾートハワイアンズ）くらい。近いライバル関係といったら船橋ヘルスセンターもあったけど、あちらは温泉もあって、広いファミリー層がターゲット。ウチは若者層が多かったんです。

当時は、「３６５日レッツ！　ＧＯ！！」ということで、毎日、正午と2時の2回、ハワイアンショーやレビューのショーを40分くらい上演していました。ショーの前にはプールの波を立たせて、その波がおさまるとショーが始まります。開園したばかりの頃は、日曜になる度にＧＳが出ていたそうです。私が入社してからよく出演したのはカレッジフォークとかニューミュージックかな。グリーン・フィールズとかね。マイク真木さんにも来てもらいました。ドリフターズも来たし、なぜかコント55号も来ました。あと、カルメン・マキも来て、『私は風』って21分ある曲を唄ってました。頭脳警察も出ました。まだ無名だったころの荒井由実（現・松任谷由実）のショーもやりました。

スナッキー発表会。海道はじめさんは現在、山いものお店を経営されています。

ガリバーズも！　新宿徘徊篇で電話しちゃった誠さんの勇姿。

70年代といったら、『紅白歌のベストテン』をはじめ、テレビの公開放送の引き合いが結構ありました。テレビ局としては、全天候型のドームで行うことによって、天候に左右されないという大きなメリットがあり、ウチとしては、スポーツ新聞にも告知の記事を出してもらったりして、人がたくさん集まって盛り上がれるので、お客さんもウチもテレビ局や新聞社も、みんな win-win の関係でした、と、言っていいのかな。『スター誕生!』で飛び出したアイドルは、だいたい出てくれました。山口百恵ちゃんもよく来てくれましたし、他にも凄い数の観客を集めたライブがいくつもありました。レイジーなんかもたくさん集まったし、忘れられないのがフィンガー5。1974年4月29日、サマーランドに1万5千人来ましたから。臨時バスをのべ100台チャーターして、お客さんを運んでもらいました。ちょうどサマーランドにいらっしゃる客層と当時人気絶頂だったフィンガー5のファン層がピッタリ合ったんでしょう。

80年代に入ると、サマーランドでの公開収録は減っていきました。近くにも八王子公会堂や福生の公会堂など、ライブの出来る施設がどんどん出来ていって、全国

ＧＳの宝庫・フィリップスの合同イベント！　マイク真木の声援は少なそう。

壮観！　フィンガー５に１万５千人！　バス会社も「早く言ってよ！」大混乱。

的にも設備の整った公会堂が増えていきました。そのかわりウチはレジャー施設としての充実をはかって、2007年、日本一長い流れるプールなどを開業した時は、サマーランド史上最大の入場者を記録しました。

とはいえ、今でもかつての百恵ちゃんやレイジーを見た「アイドルの聖地」としてサマーランドを語っていただく人は少なくないですよ。GSについていえば、お客さま側もそうですが、グループの一員としてサマーランドのステージに立った方が、「あそこ、よく出たんだ」と懐かしがる声を聞きます。みんな必ずおっしゃるのが、

「アツかったんだよ」

バンドとお客さまのテンションが上がって熱かったというだけじゃなくて、ステージ上はとにかく暑かったんです。ライトもギンギンで。50度くらいになっちゃって、よく水をまいた思い出があります。

GS時代のみならず、日本の高度成長期の芸能界、ショウビジネスの縮図のようなサマーランド史。大判小判ざっくざくな写真、資料に目は釘付けになりながらも、流暢に語られる貴重なお話に耳もアンテナ立ちまくり。もともと日劇でアルバイトもされていたとは。GSのメッカ、ウェスタンカーニバルの大波もしっかり浴びたうえでこのサマーランドに漂着した川合さん、まるで動くパノラマ人間GS聖地であります。写真のほうはぞくぞくするようなカルトGSから意外なところでは田宮二郎さんやら青年の面影漂う徳光和夫さんのスナップ写真なんかも。映画やテレビの撮影にも重宝されたようです。

個人的には、ちょうどこの日の前日にバンドでカヴァーした『スナッキーで踊ろう』（海道はじめ）という曲の「みんなで踊ろうスナッキー発表会」なるショットがあってびっくり、心のなかで爆笑しました。一日中見入ってしまいそうです。「私若い頃、あるアイドルの大ファンでね。そのコを控室に案内する時なんかそりゃ内心どきどきでしたよ」などとお茶目な一面ものぞかせる川合さん。

「あ、そうだ、よかったらその控室にしてた地下なんかも見てみますか？」もちろんです！お話をひとしきり聞き終え川合さんと側近の方に案内されるまま移動すると、自分もなんだかサマーランドに出演する芸能人の面持ちになってゆくようです。（注：自分もいちおう芸

控室からステージに向かう通路。急に冷凍マグロになったような寒さ。

能人）そうして地下に入るや、地上の真夏が嘘のよう、寒っ！　まるで冷蔵庫のようです。川合さんいわく「これはクーラーを入れてるわけではなくて天然の冷気なんですよ。真夏でも寒いくらい。不思議ですよねぇ。夏は我々もよく涼みにきたもんです」

何か所か閉鎖された暗室を通り抜け、側近の方により〝秘密の鍵〟が駆使されギギィと時の扉が開け放たれます。スタアの控室に使われていたというその部屋は今は使えなそうな椅子やウーファーなどがうず高く積み上げられ物置状態、様々な残像に思いを馳せながら山中さんとしばし陶然……。この〝静かに狂った〟場所や時間が自分の最も好む空間です。そして控室からステージへ！

控室。「もう使ってないんで、ここら辺は物置ですね」

いつかタブレット純ＩＮサマーランドを！　川合さんは玉置宏役で。

本番です。階段を一歩一歩ふみしめ、また夏のパノラマが広がります。在りし日のバンドの轟音、見下ろせばファンの嬌声が、諸行無常に響きます。ここに聖地巡礼、完了。今はお子様向けのイベントでたまに使われる程度でコンサートやキャンペーンの類は長らく行われていないとのこと。

「ぜひ今度自分にここでライブをやらせていただけないでしょうか」

思わず口に出ていました。それは面白い、と川合さんはあくまで我々にウェルカムな風情です。こんなにも真摯に応対してくださるとは思わなかったサマーランド聖地巡礼、素晴らしく初夏に患った夢遊病となりました。「今度カッペーズの河手と会う時、電話しますよ、飲みましょう」と握手して川合さんとお別れ。カッペーズというのはGSと同時代のカレッジフォークの雄で河手氏とは大学時代からの親友なのだそうです。カッペーズのレコードも2枚とも持っているぼくは実はカレッジフォークも大好き、お次はカレッジフォーク聖地巡礼なんてのもどうかな、それって大学巡るだけ？　帰りのすいたバスの中でふと隣りの山中さんを見るとなにやら神妙な表情です。

「サマーランドでライブは面白いですが、あそこで出版記念で本付けるのはちょっと場違いかもしれないですねぇ」

などと頭の計算機をちゃかちゃか。どこへ行っても商魂だけはたくましい山中さんなのでした。

・5月10日銭湯でもGS
～大丸さんはレコード大家さん篇

ぼくは毎日銭湯に通っているのですが（風呂なしアパート住まいの為）こんなしめやかな日常にもGSさんはひそんでいます。

GSさんって？　いま思いつきだったのですが、若かりし頃になんだかわからないけどGSを否応なしに浴びてしまってとりあえず踊らされた方々、そして今はありゃ何だったんだろうとGSをそよそよと懐かしんでるような皆さまの呼び名とやんわりさせていただきます。

例えば大衆酒場で話しかけてくる隣りのおじさまなんかにもGSさんはいて、酔ったいきおいでゴーゴーってなぁこうやるんだよなどといきなり動いたかと思ったらコップを倒して「あ～！」みたいなひともお茶目なGSさん。

しかしそういった方はたいていウーロンハイの底で氷が溶けて薄くなってる程度の記憶し

思えば服を着てる大丸さんと長く話すのは初めて。

かお持ちでなかったりするのですが、この方は違いました。場所は銭湯のなかのサウナ。とても人懐っこいおじさまで、お互い常連同士よくお話するようになり、どうやら学生運動世代のご様子、「カクマルハ」とか「タケナカロウ」なんて言葉が同世代のサウナ人さんと汗さながら飛び交っていらしたので、ひょっとしたらと思ってこちらから「ジャックス」「頭脳警察」なんてワードを試しに出してみたらやっぱり！　早川義夫のアルバムは当時買ったとか、三里塚でパンタこいつはすげぇと思ったなどなど。しっかり当時の異端児音楽シーンに触れられていました。さらにゲバ棒持つ前はしっかりGSも通られていて、なんとその入口はタイガースだったそうな。つまりはタイガースだって芸能人に引き摺りこまれてフリル王子様にされるまでは立派な社会の反逆者、男性のファンだっていたわけです。

そんなこんなで中野区野方昭和湯は、そんな大丸さんを中心にいつしか夜な夜な「昭和異端児サロン」と化していきました。今日はそんな大丸さんを昼下がりの喫茶店にお呼びして山中さんと引き合わせて珍妙なひとときを眺めてみようというコンタンです。

「山中さん、今日は自分の紹介ですから、ここは持ちますのでマックはやめておきましょう」

「そうですか」

と山中さんは弱冠口の端をゆるませ中野ブロードウェイにすんなりついてきてくれました。

大丸哲夫さん　インタビュー

１９４９年石川県生まれ。３歳の時に東京に。高校時代のクラスメイトに、後にニュージャガーズに参加した片岡二郎がいて、彼との縁もあって、高校時代からジャズ喫茶に行くようになった。タブレット純とは、同じ中野の銭湯でよく顔を合わせる「お風呂友達」。

まず思い出深いと言ったら、新宿ＡＣＢでしょう。地下に潜っていくんですよ。67年のはじめくらいだったかな。もうタイガースはデビューしていて、『僕のマリー』もリリースしてました。ただ、内田裕也も一緒で「内田裕也とタイガース」ってやってた。内田裕也がＭＣもしてたの覚えてます。歌もうたってたけど、あんまりうまくない。ギターひけないんで、タンバリンかマラカスもってました。人気はそこそこ出始めていても、まだブレイクってほどじゃなかった。その時の一番の有名人は内田裕也でした。

もちろん、ジャズ喫茶では『僕のマリー』はうたわない。まず、モンキーズのテーマをそのままカバーしたタイガースのテーマでスタートして、ローリングストーンズとか、あとは加橋かつみはビージーズ、瞳みのるは『バラバラ』なんかうたってた。岸部おさみはビートルズの『のっぽのサリー』うたってました。沢田研二は『テルミー』とか『サティスファクション』とかだったかな。ファンはもちろんティーンの女の子が中心。でも、パラパラと男のファンもいたな。私も一人では恥ずかしくて、友達3～4人と行ってました。ウエスタンカーニバルなんかは、もっと女の子ばっかりで恥ずかしいから、いけなかったな。

新宿ACBはナベプロ系のタレントが出てるところでした。印象が強いのは尾藤イサオとバロンズとか、工藤文雄とブルージーンズとか。槇みちるの『若いってすばらしい』もあそこで聴いた気がするし、木の実ナナもゲストで出てた。たぶん入場料は300円くらいで、昼の部と夜の部があって、300円払えば、とりあえず昼の部はずっといていい、っていう感じでした。友人で、弁当持ってACBに通ってたヤツもいました。

私が新宿ACBに通っていた最後くらいに、タイガースの『シーサイド・バウンド』の発表会がありました。私が入れたくらいだから、まだここでも人気は爆発前だったのかもしれない。67年5月でした。ACBは、地下に下りてくと、壁にファンの落書きがいっぱいあって、ステージはちょうど中二階になってるんです。ボックス席に座って、みんな聴いてました。

他に忘れられないのは、立川の『ドミノ』。高校2年くらいから通いだしてました。立川駅の南口から徒歩3分くらい。米軍基地が近くて、その影響でしょうね、R&Bのバンドがよく出てて、歌詞に日本語が一切ない。客は日本人がほとんどで、米兵はあまり見ませんでした。年齢層からいえば、もう成人した大人の世界で、レコードじゃなくて、ナマでアメリカの曲を聴けるのが魅力でしたね。ダイナマイツになる前のモンスターズが出てたのが忘れられない。テクニックがずば抜けてました。山口富士夫がアフロで目立ってましたね。みんな、いかに本家のコピーがうまくできるか、ってことに一生懸命でした。ビルボードやキャッシュボックスのランキングは、ラジオで入ってきますよね。とにかくそのヒット曲のコピー。福田一郎だの、高崎一郎だの、糸居五郎だの、そういうのを紹介する有名なDJもたくさんいました。

池袋温泉の下にあった「アピア」はゴーゴーホール。そこには68年まで行ってた。友人の片岡も、ニュージャガーズに引き抜かれて、出演してました。踊るフロアもあわせて100人くらいは入れるところ。ピーターズはうまかったですよ。あとでボーカルがニュージャガーズに引き抜かれたけど。ヤンキーズ、ルート7なんかもいた。新宿の「ジ・アーサー」は、今のクラブのはしりで、レコード回してDJがいて、踊るスタイル。

69年くらいになると、ウッドストックがあって学生運動も盛り上がって、世の中からGSがだんだん消えていく流れになってました。商業ベースに乗らずに、自分で曲を作るのがカッコいい時代になってきちゃった。フォークとかね。外国のコピーが命のGSは、その流れからもはずれていったのかな。私も学生運動にのめり込んでいって、GSに対する興味はだんだんなくなっていきましたね。

ＧＳなんてやってられない。これは60年代末から70年代を青春として生きられた男性によく聞かれるワードです。ベトナム戦争が激化して学生運動もさかんになって世の中が薄暗くなっていけば当然のこと。ＧＳの能天気さは世の中に許されなくなっていったのでしょう。大丸さんは当時の若者の心境をリアルに再現してくださいます。

そして学生運動からそのまま二度とシャバに戻って来れなかった人々もいれば、大丸さんのように世間にみっちり揉まれたあとはサウナ後の風に悠々そよがれている御方もいます。そんな大丸さんはじつはぼくの〝大家さん〟だったりもします。銭湯の近く、下宿屋だったご実家の一部屋をほんの気持ちの値段でご厚意で貸してくださり、有り難く大量のレコードたちの安住の地となりました。

その両隣りに間借りして住んでいるのが、やはりサウナ仲間で大丸さんの親友・溝口さん。ぼくが留守のあいだ、真夏の暑い日にはレコード盤が歪まぬよう、窓を開放したりしてくれています。大丸さんに溝口さん、その名もレコードの守り神のよう。今日も昭和湯の煙突から夕空に煙が棚引きます。めでたし、めでたし。

・5月26日大阪聴き込み篇
～味奉行に酔いしれて

大阪にやってきました。GSに大阪は、やっぱり外せない土地であります。いくらゲルピンタッグチーム（カルトGSの古典「ゲルピン・ロック」ムスタング。ゲルピンとは……ご想像にお任せします）のぼくと山中さんも「ここは行っとかないと」という気運が高まり、最後の聖地巡りと相成りました。とはいってもさすがは山中さん、自分のたまたま運良く決まった大阪ライブにマネージャー役として同行するというかたちで「わざわざ行く」というのを回避した格好です。それでもわざわざマネージャー役を買ってくださったのだから山中さんエライと申しておきましょう。

大阪でのライブは地元のファンの方々がセッティングしてくださったもので、自分のライブはラストに『夜を巻き戻せ』という持ち歌で、〝巻き戻しモーション〟をしながらポケットティッシュを狂い投げするというお約束ムーヴがあるのですが（なんのこっちゃかと思いますが……）、この日はなんでもよいので何か投げるものをと山中さんにお願いしたところ近所のドンキホーテで小分けされた柿ピーパックを買ってきてくださり、ライブは山中マネージャープロデュースの柿ピー狂い投げにて無事ぐだぐだにて終了しました。

そして夜はいよいよ聖地巡りにあたってのGSOB取材です。山中さんと再び合流した先は梅田にほど近い西天満にある「味奉行」という大阪餃子の名店。山中さんは意地でもタクシーを使わないという信念をお持ちで「いやぁ、大阪はわからない」などと言いながらいつものスキンヘッドの汗を拭き拭き遅れて現れました。まずは乾杯。とりあえずは普通にお客となって初対面となる元GSなご主人を待つ算段です。

実はお店に入った時からお目当てのご主人はすでにいらっしゃっていて、自らすすんで他のテーブルのメニューを運んだり接客したりとても忙しいご様子。あちらも我々が東京からの珍客とは気がついていて目礼は交わしたのですがなかなかこちらにはやってくる気配がありません。まぁ飲みながら待ちましょうとなった矢先、山中さんが突如なにか思い出されたように「あっ！」と声をあげました。

「な、何かありましたか？」

「ここはひとつワリカンでお願いします」

ズコッ！　さすがはお笑い畑の山中さん、間を心得ておられます。とりあえず生ビールのあてにさっぱりしてそうな水餃子を二皿頼んで見たのですが、風流な小鍋にぷっくりとおでまししたその水餃子のうまいことうまいこと。思わずいつものせせこましい会話が途切れ
「なんですかねぇこの旨さは」

などと山中さんも感心しきり、たちまち追加のもう一皿と焼酎ボトルを頼まれました。え？

「山中さんそんなに飲んだら我々ヤバくないですか？」

「いや、この方が結果的に安上がりなんです。」

そうかなぁと思いつつ、自分もいつしかどぼどぼと焼酎を継ぎ足しているとようようお目当ての店主が「おまたせやね」などと言いながら我々の席に降臨しました。宇野山和夫さん。関西GSの名門、さきがけと謳われるザ・リンド&リンダースのベーシストだったお方です。この方と知己を得られたきっかけは、近所のお気に入りの高円寺のアンティーク雑貨屋さん。このお店は「グランプリーズ」という屋号なのですが、この経営者の大村さんという方がかの「大村アキオとグランプリズ」のリーダー大村さんのご子息だったのです。かの、とかいっ

てもすでについてこれない方だらけかと思いますが、「グランプリズ」も関西GSを語る上では外して通れない老舗名門バンドでありまして、ボーカルが和田アキ子さん！　だったのだから〝かの〟に異論はないでしょう。因みにオルガンだったのが後に俳優となり『特捜最前線』の「叶刑事」を演じられる故夏夕介さんですからこれまた〝かの〟しかり。

すみません、話を戻しまして……その大村店長が思うところあって亡き父の幻影を追う旅を思い立たれ（ドラマーの父・大村氏は大村店長が子供の頃若くしてお亡くなりになりました）、その過程で宇野山さんの存在を知り、GS狂であった自分の耳にもすぐさま届いたという次第です。そう、宇野山和夫さんは関西ロック黎明期から数々のバンドを渡り歩き、ちょっとGS世代からするとお兄さまの、そして弟バンド的であったザ・タイガースの大虎に育っていく過程を見守った人物なのであります。ここまでが基礎知識。

実際初めてお会いした宇野山さんは、レコードジャケットで眺めていた七三分けこそ潔く退き光頭されていますが、背筋も血色もよく眼光も鋭い、何やら訳知りな虎使いブローカーな様相を充分にたたえています。ここで言わずもがなのままお話していましたが念のため、大阪を訪ねなければならない理由はGSの王者ザ・タイガースが育った場所、ひいてはその社会現象となった震源地であったからに他なりません。そのタイガースの聖地巡礼は我々G

宇野山さん。ＧＳ時代と基本変わらぬ落ち着いた風格。

Sジュンレイストにとっていわば使命なのであります！

というわけで宇野山さんはどう見ても怪しい我々の大して素性も気にせず着座するや我々が投げかける質問だけを的確に答えてくださいます。驚くべきはそのへんのメモ紙を取るやボールペンでサラサラっと伝説のジャズ喫茶「ナンバ一番」の間取りなどをこともなげに書き出してくれるじゃあーりませんか。既に7割方酔人となっている我々にはとても追いつかない頭の回転であります。話し口調も実にわかりやすく、ちょっと風貌も似た佐川満男さんから毒気を抜いた商人風語りべと申しましょうか。実に引き込まれる関西弁です。

宇野山和夫さん　インタビュー

1945年9月、奈良市内で生まれる。18歳で音楽の世界に。ジャズ喫茶バンド「ザ・ハリケーン」でミュージシャンとしてスタート。20歳でリンド&リンダースのベーシストとしてGSデビュー。23歳で独立。バンド活動を経て27歳でスタジオミュージシャンに。37歳からバンドの傍ら餃子専門店「味奉行」を立ち上げ、関西の一口餃子の火付け役となり、現在に至る。

1963年に音楽の世界に飛び込みました。50年代は、日本中をロカビリーが席巻していて、関西にもキラ星のごとくスターがいました。佐川満男、内田裕也、西郷輝彦、克美茂など。大劇という、東京でいえば日劇に匹敵する大劇場があり、長

ベーシストとしての腕前も確かな宇野山さんの誠実な語り。

蛇の列ができるほどの隆盛を誇っていました。

ジャズ喫茶もその頃が全盛で、僕が音楽をはじめた63年ころは、関西のスター達が東京に進出してしまい、集客が下降線をたどっていて、次代を担うことになるGSが出現するまでの、インターバルともいえる時期でした。

ハリケーンはその頃に活動していたジャズ喫茶バンドです。のちにオックスを結成する福井利男もこのバンドで一緒でした。ジャズ喫茶のその頃の現状を説明すると、65年頃には関西のジャズ喫茶は消える寸前でした。

京都にあった「ベラミ」、神戸では「月光」が相次いで無くなり、唯一大阪「ナンバ一番」だけが生き残っている状態でした。しかし、世の中は不思議にできているもので、そんな絶望のときに、次代を担うスターとなるべく、本人達も知らない新しい流れが、用意されてゆくのです。

1966年2月1日。ファニーズ、のちのザ・タイガースはナンバ一番専属が決定。京都から大阪にやってきます。そんな彼らを西成区の岸里にあった、三畳一間、家賃4千円。後にザ、タイガースの聖地となるアパート「明月荘」を紹介したのが僕でした。引越しの当日、大きなアルミの鍋にラーメンを何個も入れて、みんなで食べた思い出は忘れられない出来事になりました。

そのファニーズは、予想に反して人気がうなぎ登り。ジャズ喫茶が息を吹き返すかと思われたとき、ナベプロから意向を受けた内田裕也の目が、彼らを見つけます。当時ファンクラブはもう300名になっていました。上京して大ブレークする萌芽は、もうこの時にあったようです。

息を吹き返すかに見えたジャズ喫茶は、ファニーズの東京進出で息の根を断たれることになりました。一方、『僕のマリー』『シーサイド・バウンド』の2曲でザ、タイガースは完全にスターダムにのし上がりました。

日劇ウエスタンカーニバルの初出演後、銀座ACBではファンが道路まで溢れ、ACBの10年の歴史になかった出来事がおこり、新しい時代の幕開けとなっていきました。

その頃のぼくは、巷のミュージシャンとして活動を続けていました。


そうしてひとしきり取材をし終えるや、宇野山さんは言いました。「よし、明日の正午新大阪駅に集合や」そう、京都を歩かな始まらんというわけで明日京都のGS路をひいてはタイガースの足跡をガイドしてくださるというのです！　なんと義理堅いお方……。こうして会った以上は、袖触れあうも多生の縁。とことん付きおうたる。そんな人生訓をお持ちの人情家とみえました。テーブルを見れば美食をむさぼった宴のあと、お話もお料理も見事な「味奉行」のさばきをもって大阪の夜は更けました。

・大阪回想篇
～夢うつつなる心斎橋

おっと、忘れていました。いったん、そのまま「味奉行」で夜が更けていったとして筆を置いてしまったのですが、遠山の金さんがおぅ、待ちなと声色を変える場面です。そういえば「味奉行」にはでっかく金さんの写真があったような。ちょっと変色していて、中村梅之助時代だったかな？　親分&子分ズが主題歌うたってるやつ。そこまで古くないか。

そう、宇野山さんはたらふく飲み食いして、もうじきオックス（鈍牛）な我々に対しことも無げに「ほないくで」とばかりに大阪の聖地を案内してくださったのです。山中企画謹製のGSシリーズ、その前著は〝ザ・ラブ〟一代記でしたが、そのラブ唯一のシングルのB面『ワンス・アゲイン』です。いちどフェイドアウトしたと思ったらまたリフレインが甦って、でまた終わるというあれ。わかりにくいか。勿論忘れてはいなかったのですが、あの巡礼は夢ではなかったのです！　しかし半分雲の上の身となっていたぼく。ここからは山中メモを参考に記憶のビデオテープを巻き戻してみたいと思います。

「♪巻き戻せるなら巻き戻した〜い」

あ、わかる方だけで大丈夫でーす。山中メモには「さっそく店を出てタクシーでなんばに向かう。宇野山さんには地下鉄で行くという選択肢はなかったようだ」とあります。山中的カルチャーショックだったのでしょうか？　御堂筋を南下して10分くらいでなんばに到着。すぐに道頓堀へ。この時の心斎橋から見る朧気な夜景が浮かんできました。

ナンバ一番跡地は今やTSUTAYAです。こうなったらTSUTAYAでタイガースのCD借りたろか。それにしてもこんな好立地にどでんとあったのですね。戎橋筋という看板の隣のビル。そりゃ一番に偽りなし。中華五十番とは比べようもありません。「三人の中で最も高齢な宇野山さんが、最も歩くのが速い」と山中メモにありますが、たしかに断トツ。気がつくと宇野山さんはコマネズミの如く、山中さんがキラーカーンならグラン浜田のごとく違う行動をしています。宗右衛門町のほうから「こっちゃ、こっち」と記憶の中の宇野山さん。「♪きっと来てね〜と〜」と『宗右衛門町ブルース』は歌わないけれど手招きをされています。ここは〝ダンスホール富士〟があった場所。と、いま山中メモで知りました。あの工事中のエリアがそうだったのか。「富士」は宇野山さんがいらしたリンド&リンダース史にて散見された物件のように記憶します。それにしてもダンスホールとかゴーゴー喫茶とか……。その違いは明確になんだろう？　スナックとかカラオケパブとかさんざん歌手として営業に行ったけどあの違いもよくわかりません。あ、スナックといえば『小さなスナック』。あれにも確かお店のモデルがあった筈。聖地は限りない……。映画『小さなスナック』も見に行きましたが今のスナックとは全然違う、アンニュイな若者の溜まり場のような場所として描かれていました。正司花江のようなママさんが熟年カップルのお客のうたう『麦畑』に「あそーれ」などと合いの手をうってる場所とは全然違いました。

おっと、京都に進む前に思わぬ付記がだらだらとしてしまいましたが、この夜宇野山さんが「お店にまたあらたな団体客が入った」ということでここで解散となったよう。ぼくはなんばのホテルまでタクシーで送られ、宇野山さんはまたお店、山中さんは新大阪のホテルで先の「味奉行」のボトルの残りを舐めつつ夜が更けたようです。持ち帰ってたんかい！　それにしても大変親切でアクティブな宇野山さん。ぼくが大阪ソングで一番好きな『たそがれの御堂筋』が心に流れていますが、これも実は元はリンド&リンダースのレパートリー（作

「ナンバー番」前。チェーン店ばかりだと
つまらないですね。

ＴＳＵＴＡＹＡでタイガースのＣＤを借りたら、「ナンバー番」気分。

『宗右衛門ブルース』の元唄は北原謙二『さよなら　さよなら　さようなら』です。

曲がリーダーの加藤ヒロシさん）。レコーディングしてたら先輩の坂本スミ子さんが現れ「あらいい曲ね、それちょうだい」と奪われてしまったのだとか。この10年後には『楢山節考』で役づくり、歯を全部抜いて姥捨山なのだから人生わかりません。そんなスミ子さんはちょっとスミに置いといて、ここはリンド&リンダース。知らず知らずのうちに「本物」になんばに送ってもらい〝名曲巡礼〟も果たせた大阪の夜なのでした。

・5月27日京都、そしてまた大阪篇

～なぜか最後は釜ヶ崎人情

大阪の夜は更けて、あくびにややお酒を残したまま正午前の新大阪です。そうだ、GSとはちょっとお話がそれますが、昨夜はホテルに帰ったあともちょっとしたミラクルがありました。チェックインしようとふらふらフロントに行くと、酔眼に見たことのある女性が。目が合うやあちらも「あーっ！！」と亡霊を見てしまったようなお顔。続けて回りの数人も「こりゃケッサク」とばかりに手をたたいています。歌手の沢田聖子さん。ついその一週間くらい前に、自分がやっているラジオ番組に出てくださり、今後のライブ予定などお訊きしているくだりで「あれ？　その日はぼくも大阪でなかったかな？」なんてことになったのですが、番組後くわしく聞くと同じ大阪でもライブの時間も場所がだいぶ違ったので、「ちょっと合流したりするのはむずかしそうですね～」なんてお話をしていたのでした。しかしこの聖地巡礼が因果鉄道となりまさかの邂逅となったのです！

それにしてもあまたあるなんば界隈のホテルでしかも同時のチェックイン。「奇遇ですね〜」と両手握手のまま自分はへべれけフォークダンスな足取りで聖子さんご一行の打ち上げ会場へとなだれこんでしまったのです。


一夜明ければあれって迷惑だったのでは？　と反省しつつ、ウニクラゲの歯ごたえの余韻がまだ舌に残ります。因みに聖子さんはアイドルシンガーソングライターのさきがけ、そのデビューの十年前のＧＳ時代には渥美清さんの肩車で「パンシロンでぱんぱんぱん〜」とうたっていた大先輩です。

すると、新大阪駅改札、山中さんが現れました。山中さんにもどこか根っからのドサ回り、フーテンの風情があります。思えばぼくはもともと山中さんのリスナーでした。永六輔さんのラジオで様々なその道の職人を尋ねて歩くレポーターの男。高校時代、そしてティッシュ配りをしながらの八王子の路上でもイヤホンでその声がよく耳に飛びこんでいました。最初は村野武範かとおもいました。声質が似ていただけですが、時空を越え思わぬレッツビギンに巻き込まれてしまったものです。因みにぼくもラジオのサテライトレポーターをやらせてもらっていて、いわばその筋のセンパイ。お笑い界でも名が通った方ですが、人見知りの自分が会って30秒くらいで緊張を失い、酒席ではその頭をはたいていたような記憶もあり、その〝人に尊敬させない鼻毛〟には尊敬に値するものがあります。なんの為の恰幅のよさでしょう。出っ腹シャツは当たり前のようにズボンに入れてるし。還暦を迎えようが青春18キップをこよなく愛する方です。

「宇野山さん、京都まで新幹線つかうことはないですよね？」

とこれはぼく。かくいうぼくもかなりのしみったれストレンジャーです。鈍行大好き。と、定時ぴったりにハンチング帽も目深なシブイ宇野山さんがツカツカと現れました。山中さんがどたどたなら宇野山さんは見事なツカツカ風情。こんな我々に、お店の仕込みやら何やらがあるかもしれないのに申し訳ないです。片手には年季の入った牛革（であろう）バッグを持っていらっしゃるのですが、さっと先回りするやぼくのスーツやドレスやネタなどが入ったぱんぱんの重いカバンを持ってくださるではありませんか。そ、それはあまりに申し訳ないです！と慌てて追いかけるも「えぇから、えぇから」と重い荷物も平行にツカツカ。自分は気がつかなかったのですが、山中さんによるとこの時宇野山さんは「女の子に荷物持たせちゃいかん。」とつぶやいていたとか。キャー。こんな反応は変かとはわかってるのですが思わずときめいてしまいましたとさ。

そんなジェントルメン宇野山さんとともに阪急電車へ。ほっ。小倉ぜんざい色のあの渋い車両です。宇野山さんの人生観にどこか合っているような色。この列車には東京では見られない「補助席」のようなものがついています。普段は折り畳まれているのですが、それをごく自然に宇野山さんがガタンと下げ、お嬢さんどうぞとばかりに座らせてくれました。ボックス席の裏側、ドア付近のスペースで何となく「荷物」になった気分。ていうか荷物置き？このゴトゴト揺られる感じが何か「三等車に揺られて上京してきたGS少年」といった感じで悪くありません。見れば平行した片側の補助席に宇野山さんと山中さんも座りしきりに会話をしています。意外に相性は悪くなさそう。この構図は帰りの便も一緒でした。

途中この行きの便では、宇野山さんが「降りるで」との号令で高槻駅で急行に乗り換え。山中メモによれば「僕はイラチやから」と宇野山さんがおっしゃっていたそうですが、イラチって？　せっかちみたいなことかな。ぼくの父はせっかちで、なぜか子供の頃兄弟間ではそれを「せかっち」と称していたのですが、イラチとは関西弁かな、いずれにせよ何事にも現役感のにじみ出た宇野山さん、今の世情もするどく読んでいて、急行のほうが確かに似合います。

70年代になりますが『京都特急』（泉まり）なんて曲を最近ラジオでかけました。♪あと

ジャズ喫茶「ベラミ」前。くしくもバンドマンを追いやったカラオケに。

ひとつ、ふたつ、みっつ、よっつめかしら……そしてあっという間に京都です。宇野山さんにお礼しすべての荷物をコインロッカーに詰め込み、一同タクシーに乗り込みます。後部座席にて耳打ちで「山中さん、ここはぼくの事務所の経費で落としてもらいますので」「じゃお言葉に甘えて」お言葉に甘えるまでが2秒もないのが山中さんの特徴です。

着きました、四条河原町。ここではまず宇野山さんが「ベラミ」を案内してくださるそうです。ベラミといえば、自分の持つイメージは高級ナイトクラブ。つい最近作曲家平尾昌晃先生特集で平尾先生の歌手としてのライブ盤ＬＰから何曲かラジオでかけたのですが、これが京都「ベラミ」の実況盤。平尾先生が作曲家で大成功をおさめた後のもので、そのステージにもお客の声にもまさに余裕と娯楽がこぼれんばかり、自分のなかの「鳳凰の間」みたいな「ベラミ」を心に広げたものでした。しかし宇野山さんによればジャズ喫茶の「ベラミ」もあったそう。こちらもロカビリー時代からある老舗のようで、GSもその名に恥じぬ一流どころしか出なかったようです。或いはGS時代にはもうなかったのかな？　GSになる遥か前から存在したスパイダースやブルコメなんかは出ていたとこの時宇野山さんから伺ったのですが、スパイダースなんかは初期にはなんとアコーディオンなんかがいたシックな大人のラウンジ楽団だったそうなので、そんなほんとの意味での前時代的な、和洋折衷ジャズ喫茶だったのかもしれません。研究の余地を残しつつ新たな知識の一ページとして、跡地エリアの写真をパチリと納めました。

5月ながら盆地特有の暑さもありここで近くのカフェでひと休み。とにかく宇野山さんはお話が面白く、そして今日もそうですがあくまで有言実行、見る前に跳ぶ人生はへっぽこなぼくには刺激的で感心なことしきり。山中さんも「シリーズ人間」みたいなひとが好きなようなのでGSに飽きたらず二人してお話に聞き入ってしまいます。経営者としてはかつて佐

「田園」があった場所はコンビニに。「田園に死す」。

川満男さんのお店に共同経営みたいな形で参画して大成功をおさめたことや、近年はなんと演技の勉強をして役者を目指されているとのこと。（たしか現在進行形）いちどインテリやくざのような役も与えられたようで、何事にも身の丈を知りつつ哲学、一家言もって人生をエンジョイされているのです。それにしても最初からの印象が「優しき佐川満男」だったのでまさか接点まであったとは。人生山あり谷ありを地で行く宇野山さんだからこそ、山中さんという底知れぬ男をも遭難覚悟で手をさしのべてくださっているのでしょう。タブレットなんたらという性別もよくわからない得体の知れぬ者をも。

「ほな、そろそろ行こか」お次はダンスホール「田園」。そこはタイガースの原点、いわば田植えがなされた場所。田植えってちょっと違うかもしれませんが、とにかくここからタイガースが育った場所と言ってよいでしょう。宇野山さんに連れられ四条河原町の交差点を先ほどのベラミより逆方向に進むと、先ほどまでの繁華街があれ？　先細りの花火のようにしゅんと閑静な町並みとなります。こんなところに、ダンスホール？　宇野山さんも少々迷われている様子です。

ふと見るといかにも古そうな平屋の店舗が。「黒川テント商会」という屋号が見てとれます。テント専門店？　黒テントってアングラ劇団？　テントって上岡龍太郎さんの弟子の方がいたなぁ。とにかくもこちらなら何かわかるかもと宇野山さんが木戸をがらりと開け呼びかけると中からおばちゃまが現れました。「あ〜ら、あたしもねおめかしして行ったものだわよ」「ほんまですか、そら奇遇ですなぁ」後方にいた自分がうっかりしている束の間におばちゃまと宇野山さんは何やら話がはずんでいます。さすが関西人。おばちゃまの身振りから察するに社交ダンスでしょうか、時折そんなお茶目な所作がのぞきます。聞けばおばちゃまは昭和5年生まれ、GSの親世代であり当時アラフォーでゴーゴーも踊っていたり？　でも昭和5年といえば、我が心のリーダー和田弘さんは昭和6年生まれ。……それはないか。

山中さんがすかさず「どんな人が出てたとか、おぼえていることありますかね?」とたたみかけると「忘れたわ」とにべもない返事。あれ? やっぱり関西弁じゃないとこのノリにならないのかな? しかしその場所はしっかり「この交差点渡ったとこのすぐあのへんよ」と明確に指さしてくださいました。そこはさっきから何度か往来していた、コンビニの入った何の変哲もないビル。おばちゃまに笑顔で手を振られながら「なるほどな、キャバレーのほうの「田園」にあのおばちゃんは行ってたゆう話や」そう、「田園」にはキャバレーもあったのです! その地下がダンスホールの「田園」で、まだ毛並みの生え揃っていない虎たちが「ファニーズ」という名前で屈託のない無邪気でファニーな演奏をぶちかましていたわけです。今その前に立ち目を瞑って地下の鼓動を体感。目の前はファミリーマートだけど。しかしこの頃メンバーはファミリーのように仲良し5人組だったときます。宇野山さんはキャバレーのほうには出演経験があったそうで、こころなしか階上を仰いでしばし「田園」の風に吹かれます。黒川テントのおばちゃまの人情も相俟って牧歌的な気運が高まったぼく、山中さんも同じ境地のようです。どちらからともなく、

「もう一度大阪に戻って、さいごに明月を仰ぎましょうか」

明月のお答えは後ほど。山中さんが再び大阪への汽車賃も惜しまず帰りの東京便の指定席

が自由席になるやもしれぬ危うさをもなげうって、つき動かしたＧＳの情緒に乾杯！　宇野山さんの「ほな、行こか」の号令のもと、さいごの聖地の旅を迎えます。

～そして、さらなる原点回帰

ＧＳ聖地巡礼、そのさいごの駅は岸里駅です。なんとなく、聖地の最後にふさわしいこの名前。もっというと、大国町から岸里へ。ＧＳの詞世界にはよく「伝説」「神話」が繰り広げられますが、大きな国から最後は岸に辿り着いて、里から幻の国を見渡す……。自分に根づいた「ＧＳ脳」がそんなイメージを与えたのですが、降り立った駅は、あれ？　南千住？「似てますね。」と山中さんも。ここらへんだけはツーカーの仲です。西成といえば東京のぼくにも労働者の町、というイメージがインプットされていましたが、やっぱり空気感、街並も似るものなんですねぇ。どこか色なき町に乾いた風が行き過ぎます。駅から10分ほど、大通りに面した道を歩いて路地に入ると間もなく「ここな。ここは昔からある。タイガースのみんなもよぉここで安いから食いにきたらしいよ」看板こそ、少し新しくなっていますが、建物全体はかなり年季の入った大衆食堂のそれ。しゃもじ跡のついたどんぶり飯にアジフラ

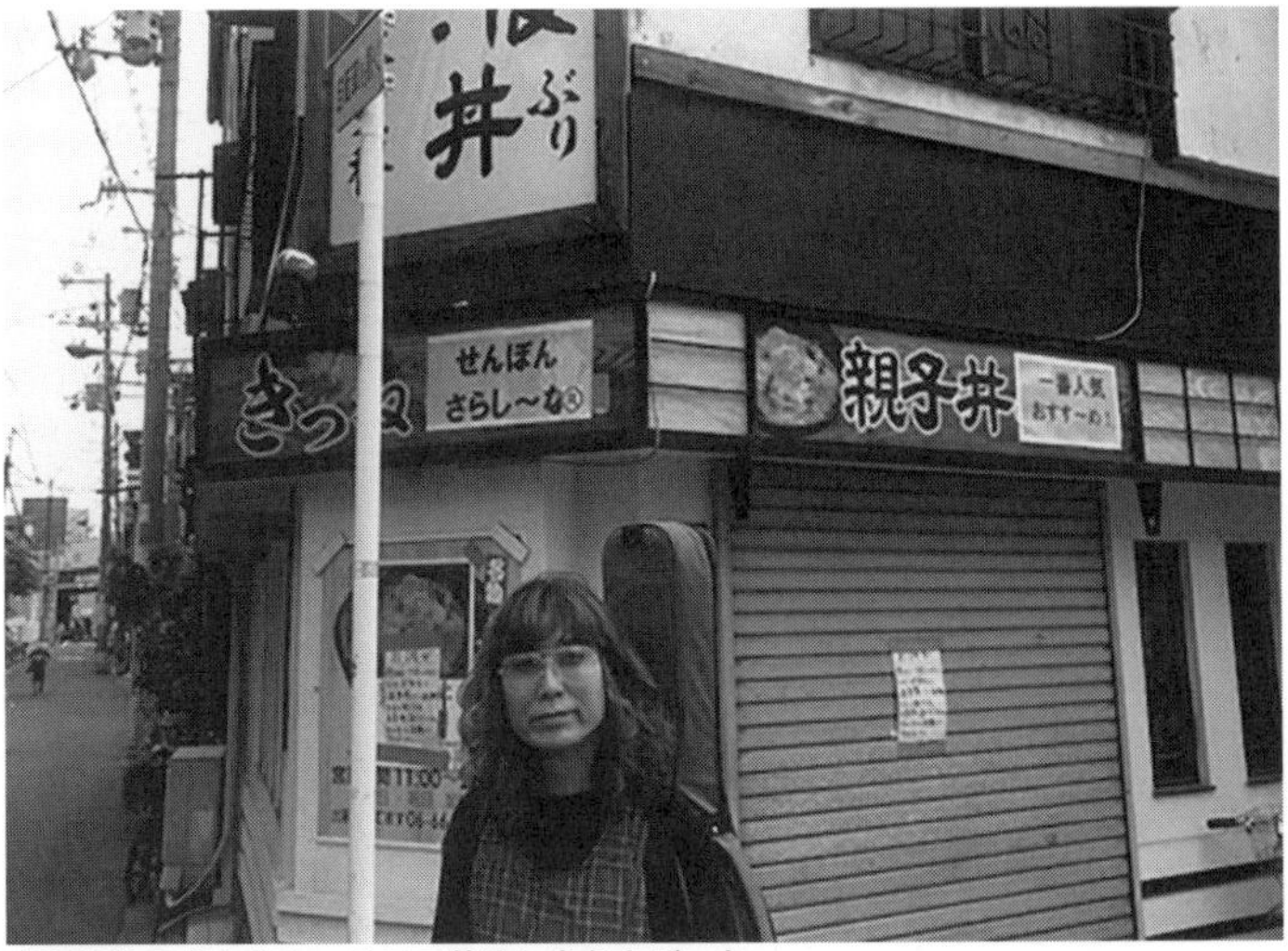

夜明け前の虎たちも、ここで丼めしをむさぼった。

イをウスターソースでじゃぼじゃぼ、そんな風情が浮かぶお店です。ここで、遅れてのお伝えになりますが、今我々が目指しているのが、タイガースが上京前、全員で合宿していたというアパート跡地なのです。

　ついにここまできたか聖地巡礼。そしてそのアパートを彼らに紹介した人こそかの宇野山和夫さん。そして宇野山さんは新婚時代をその「明月荘」で過ごしたという、宇野山さんにとっても大変思い出深いであろう場所。「名月赤城山」ならぬ「明月宇野山」劇場の開演です。しかしこの入りくだった路地となると、宇野山さんもひとつ路地変えまた路地渡り、「おかしいなぁ…」と首をひねりながら迷っているご様子。ひとつひとつの光景に

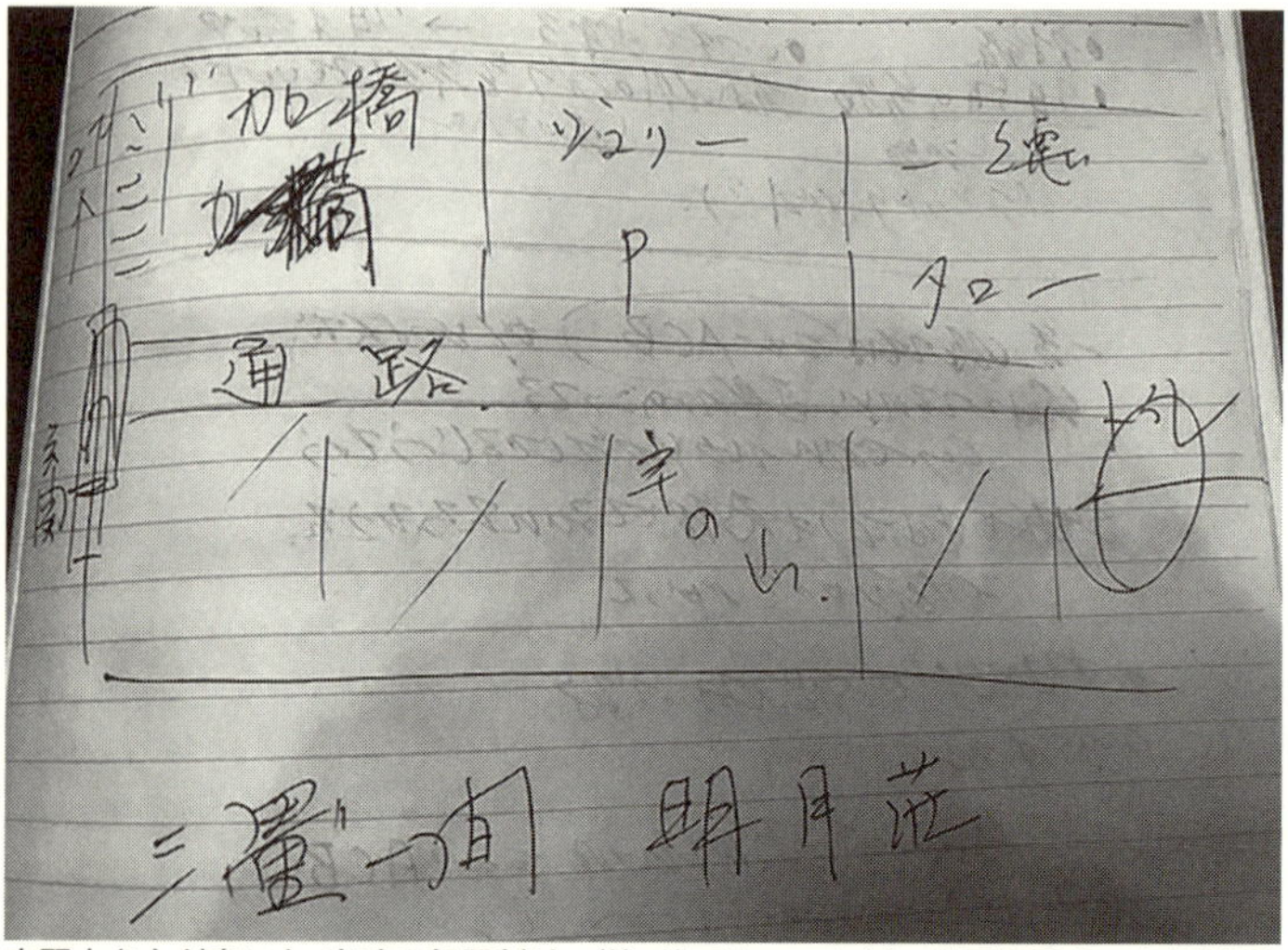

宇野山さんが書いた、当時の部屋割り。（注・後でタローとピーが同部屋だったと判明）

思い入れが深いほど、記憶の磁場はくるうのかもしれません。我々は繋がれた犬のようにここはひたすら待つしかありません。時折路地から現れる宇野山さんはやはり迷っても背筋は良く、「世界教育販売」みたいな実直なセールスマンにみえます。

「そういえば…当時のGSの人達ってどこで練習していたのかなぁ。今みたいにスタジオなんてなかった時代だと思うし。」とぼく。「そうですね、こんな路地でしかもアパートなんかじゃどう考えても筒抜けですからね」どこまでも徒歩、原始的な天才脳を持つ山中さんでも音楽のことはあまり想像が広がらない様子。そう、山中さんはあまり音楽に興味がな

「明月荘」跡地。今は土台のみ。ここから月を仰いでみたい。

なぜかそこで『湯の町エレジー』。風呂なしアパートなのに。

いのです。（今さらですが……）前に飲んだとき好きな歌を聴いたら「子供の時にテレビで見た三波春夫の『俵星玄蕃』くらい」と答えていました。『俵星玄蕃』がなぜ『銀河のロマンス』をここまでこうして辺鄙な路地に座りこんでまで追い求めているのか。GSの魔力はおそろしい……。ふと昔の映画のワンシーンで下町の工場の納屋みたいなとこで練習するモップスを見た記憶がよぎり、タイガースの王子様たちにもそんな鈍色の汗にまみれた歴史があったのかな、そんな思いを巡らせているその時、現実に戻す宇野山さんの声が「わかった、わかったで！」。

手招きされるまま、ついに最後の聖地巡礼がこの細い道につながっていることを悟ります。どきどき。果たして、現れました。ただの更地が。そう、残念なことにこの僅か一ヶ月前に明月荘は取り壊されてしまったのです。取り壊される日にはファン有志による「さよなら明月荘コンサート」も行われたとか。なんとタイミングの悪い。それを承知で来たのですが。今はたまに近所の人が訝しげに我々を見るだけの淋しい土の上です。惜しかった。しかし我々らしい。ここが誰と誰、というふうにメンバーは二人でひと部屋を借りていたことを宇野山さんが場所を仕切りながら教えてくれます。「その前にここに住んどったのが僕たち夫婦」としばしその土を宇野山さんが見つめています。ぼくは何を思ったかギターを取りだし、「山中さん、最後の聖地です、お願いします！」とちょっとうるうるしながら、ジュリーとピーの同棲部屋あたりで記念写真。部屋といえば、明治チョコの景品ソノシートで「お部屋でおしゃべりタイガース」というのがあり、〝あなたにささやくジュリー〟では「自慢のステレオセットの横にはね、沢山のトロフィーとか楯」「好きな色？　ピンク」などといったジュリーの甘い声を思い出しながら、いまぼくがギター持って立っているその「部屋」には、そんなにワンちゃんここが好きなの？　というくらいの、悲しいかな、犬の××だらけ。

因みにそこでぼくが奏でたメロディーは『湯の町エレジー』。すみません、ギター持つと謎の条件反射でこれがつい出てしまいます。ぐだぐだですが、とにかくも訪れてよかった。建物というのは壊されたあとこんなにも狭かったのか、と思わされることが多いのですが、この明月荘もしかり。この懲罰房のような部屋にひしめいていた若者たちは日々感性の牙を研ぎながら、東京に飛び出すや瞬く間に「明月の虎」となったのです。思えばGSの種ももともとはほんのちいさなものだったかもしれないけど、時代が、風が何かをそうさせた。そしてほんの一瞬で消えてしまった……。

「じゃいいですね、急ぎましょう。」そうだ、指定席か自由席かの瀬戸際な山中さん。いつ

「楽しかったです！」

も消え際が唐突なのですが、この日もどたどたと地下鉄口に消え、夕暮れの交差点で最後まで持ってくださった荷物を受け取り、固く力強い握手をして疾風のごとく宇野山さんも去ってゆきました。

ぼくはいちど行ってみたかった釜ヶ崎の労働者街をひたすら歩き、あえて汗びしょの身をたずさえて通天閣の下にある銭湯へ。露天風呂で夕空に灯りのついた通天閣を仰ぎながら、「あ、そういえばここに貼ってあった〝早朝ホモ禁止〟ってビラいつのまにかなくなったな」と気付きました。すべてはいつのまにかなくなるのですねぇ。異端も王道もいっしょくただったあの頃のニッポン。あぁ、美しき哉人生！　山中さんは指定席に乗れたそうです。山中さんも何としても窓際の席で夕空を眺めたいたちなのでしょうか。聖地巡礼、これにておひらき。

・大反省会
タブレット純・山中伊知郎　GS聖地純礼を大いに語る！

さあ、お名残り惜しいのですが、ついにエンディング。最後は、とにかく一緒になって聖地をほっつき歩いたぼく、タブレット純と山中企画・山中伊知郎さんの「反省会」で〆たいとおもいます。

大事なのは「ザンガイ感」

山中　だいたいこういう時は、まず、思い出に残った聖地のトップどこ？　みたいな形でベタにやっていくのがパターンなんですが、それでいいですか？

タブレット　強烈だったのは、新宿ニューＡＣＢ！　よくぞ、ぼくたちが来るのを待っていてくれた、っていう感じ。もう「祭り」は終わっているのに、その痕跡だけはしっかり残っていたのが嬉しかったですね。

山中 まずACB会館という建物が残っていたのがよかった。それに、あのビリヤード場の村上さんという、親切な方がカギ開けて中に入れてくれたのもラッキーでしたよ。

タブレット あの、暗闇の中に、光が差してる様子も神秘的でした。それに、50年前、ニューACBのステージにあのタイガースとともに立たれた丸山さんも、わざわざ来ていただいた。

山中 中に入りたかったって点じゃ、横浜プリンスは惜しかった。ちょうど建物が壊される直前で、見るなら今しかなかったのに。

タブレット 入り口にガードマンさんがいて、入ろうとしたらとめられちゃいましたからね。入っちゃえばよかったかな。惜しかったといえば、昔、タイガースが住んでた大阪の明月荘は惜しかった。取り壊されたのが、私たちが行くホンの一カ月くらい前だったんだから。空き地になる前に行っておきたかったですね。

山中 そういや、この企画は、タブレットさん自身が「ぜひ、GSにまつわる名所を回りたい」という発想から始まったわけですが、昔からそういうのが好きだったんですか？

タブレット　もともと、「廃墟めぐり」が大好きなんです。なんとなく残骸が残っていることもあれば、まったくないのもある。でも、どんな場所にも、ある種の「ザンガイ感」は残っているんです。たぶん、その「ザンガイ感」に心惹かれるんじゃないかな。

山中　サマーランドは、残骸どころか、現役バリバリでしたね。

タブレット　ええ、ぼくが35年くらい前にいったそのまんま。子供のころ、家族で行った場所が今、どうなってるんだろう、ってとても楽しみでした。そしたら、昔の想い出そのままだった。

山中　しかも、なぜか、働いている皆さんがやたらと親切だった。

タブレット　サマーランドはGSの聖地であると同時に、70年代アイドルの聖地だったのも、あの資料を見て、よくわかりました。『紅白歌のベストテン』とかで、百恵ちゃんや淳子ちゃんや、みんな夏になると来てたんですから。それにカップルで来た人たちもいっぱいいたでしょう。みんなの想い出が詰まってる場所です。

GSは「打ち上げ花火」

山中　現役で残ってるってことでは、横浜・本牧の「ゴールデンカップ」のマスターがまだ店にいたのはビックリでした。もう80代も半ばでしょう。

タブレット　マスターがGSはもちろん、音楽そのものにそんなに関心がなかったのも驚きでした。

山中　本牧そのものにも驚かされた。米軍キャンプがあって、いかにもバタ臭い、横文字だらけの街だと勝手に想像してた。夜になると、どこからともなくブルースが流れて来るみたいな。ところが行ってみたら、ごく普通の商店街。

タブレット　それ言うなら、なんで山中さんがGSの本を手掛ける気になったんですか？GSのブームのころ、中学生か高校生なのに、ぜんぜん関心なかったんでしょ？

山中　はい、ぜんぜん。好きだったのは相撲とお笑い。コント55号が出てた『お昼のゴールデンショー』に、ちょうどテンプターズのショーケンが出てて、司会の前田武彦が、「ショーケンと取引すれば、ショーケン取引」みたいなクダラないダジャレを言ってたのは覚えてます。

タブレッド　ヘンなことだけ覚えてる。

山中　ただ、3年前、人の紹介でオリーブという元GSバンドのボーカルだったマミーこと、木村武美さんに会ったら、すごく軽やかに人生楽しんでるのに惹かれましてね。それまで、よくお笑い芸人の取材とかやっていたんですが、また違う良さがあったんです。あんまりクドくなくて、サラッとしてるというか。

タブレット　たぶん、皆さん、音楽は大好きだけど、「芸能人」であることには固執しなかったからじゃないかな。10代でスターになって、GSブームが終わったら芸能界以外の長い人生があって、やっと今になって、また昔を思い出して音楽を再開したりとか。

山中　調べていくと、GSのブームってほんの2～3年でしょ。そのわずかな期間にパッと花開いて消えて行った「打ち上げ花火」みたいな風情が、私にとっちゃ、どうもたまらなかったのもあるんだろうな。

お世話になった人たち

タブレット　聖地巡りに話を戻すと、ぼくが驚いたのが池袋ACBの跡地が浅草東洋館の松倉会長が「松倉会」を開いてる場所だったなんて。

山中 池袋ドラムもビルは残っていても、ぜんぜん中身は変わってましたね。

タブレット でも、入口はそのままだったじゃないですか。街の中に、普通にGSとつながる場所があるって、ワクワクします。ガイド役になっていただいたマミさんも、タイガースのファンだった時代から始まって、芸能人としてGSの人たちと共演したキャリアを持っているのもスゴい。

山中 野田会長も熱く語ってくれましたね。60年代後半の熱さが、会長の語りを聞いているだけで感じられてきた。

タブレット 実は文化放送で、野田会長とは何度かお会いしてるんです。ぼくがレギュラーをやっている同じ曜日に、会長の事務所の所属タレントの方も出演されていて。一見コワモテで、でもとても気さくな方なのは、前から知ってました。

山中 気さくって言ったら、大阪の宇野山さんは、ムチャクチャ気さくでしたね。あんなに世話を焼いてくれるとは思わなかった。

タブレット ニューACBのカギを開けてくれた村上さんも含めて、今回は、まったく様々な皆さんにお世話になりました。

山中　アルファードの丸山さんにもお世話になったじゃないですか。
タブレット　もちろん。皆さん、GSに対しては特別な思い入れがあるからこそ、あそこまで一生懸命に協力していただけるんですよね。あと、「クロコダイル」の西さんには、以前からとてもお世話になっています。
山中　横浜では佐々木さんにもお世話になった。
タブレット　「トランプス」の話で盛り上がりました。風呂仲間の大丸さんからも、あの時代の熱気を伝えてもらいました。

求めていたのは時代との一体化

山中　まるっきり跡形もなく変貌した聖地もいくつもあったな。
タブレット　「ナンバ一番」なんか、まさにそうでした。でも、当時を知る宇野山さんがいたからこそ、話を聞いているうちにタイムスリップして昔に戻った気がした。
山中　歴史を背負っている人がそばにいると、一緒に60年代を歩いている錯覚に陥る。
タブレット　いきなり総括すれば、今回の聖地巡礼はとっても楽しかった。かえって、山中さんのように、もともとGSにはあまり興味がなくて、本を売ることや、おカネをかけずに取材することや、そういうのばっかり考えている人と一緒なのが新鮮でした。

山中　セコいばかりじゃないよ。私だって、GSが生まれた時代背景や、当時の「熱」がどんなものだったか、興味があったからこそ、この本の企画を進めてったんだから。

タブレット　いいんですよ、そのままで。もしぼくがGSマニアの人と回ったら、どんどんマニアックな方に走って、細かい知識ばかりの応酬になって、感動が薄れちゃう。たとえば新宿ニューACBでも、何年にどのバンドが出ていて、メンバーは誰と誰だった、みたいな話になって、せっかく味わった「60年代の空気感」が弱くなっていく。何にせよ、マニア同士だと、「オレのが知ってる」みたいな自慢合戦になることが多いんです。特にGSをオンタイムでは知らない後追いのマニアはそうなりやすい。その点で、山中さんはオンタイムでGSを味わったはずなのに、ちっとも知らなかったのが、逆に心地よかった。

山中　ホメラられてるのか、ケナされてるのか、よくわからん！

力の入れない腕相撲のような、山中さんとの珍道中でした。

タブレット　ぼくは、出来たら知識の自慢よりも、GSの時代とか現象とかを肌で体感して、一体化したかったんです。それが出来た充実感はある。

山中　よかった、満足してくれて。じゃ、本が出たら、気合い入れて売ってくださいね。

タブレット　また、そういうこと言う！

かくして、GSの聖地を巡る純礼の旅は、幕を閉じたのでありましたとさ。

・あとがきにかえて
～御徒町でホッピーを舐めながら

「御徒町の「東京」は行った？」と進言してくださったのは真木ひでとさんです。今や伝説となった〝失神ＧＳ〟オックスのその人から直々の聖地指南です。

ちょうどこの本の脱稿もあと少しのところで、舞台で真木ひでとさんとご一緒する幸せに授かり、その楽屋でのことでした。正確にはこの2ヶ月程前にも同様のステージがあり、今回が二度目だったのですが、初対面からとても気さくにお話をしてくださり、ぼくがＧＳの聖地を巡っているという冗談のような話も憶えていてくださったのです。嬉しい。「東京」はＧＳ本にて存在は知っていたのですが、オックスと御徒町とはなんだか意外な取り合わせ。ＧＳ聖地とのんべえ聖地。ホルモンをつまみながらはしご酒で御徒町エピローグ巡礼なんてさいごにどうかな？　とばかな頭が思い立ってしまいました。

いや、オックス＝ホルモンと想像したわけではありません。現に入ったのは焼きとん屋さんでした。何の話でしょう？　しかもひでとさんが「行きなさい」と言ったわけでは勿論なくて勝手に啓示を受けたつもりで、基本的にはただ飲みに来たのでした。ははは。サウナ「ダンディ」で身を清めた後、いざ余録巡礼。

因みに「ダンディ」にもんぺ姿おばさん状のぼくが入っていくのは毎回精神的にかなりしんどいものがあります。入り口の、林家ぺーさんによる繰り返し流される宣伝映像は、暗室に閉じ込められ大音量で聴かされ続けたらたぶん気がくるうことでしょう。そういえばゴールデン街で酔いつぶれてはいつもなだれこんでいたカプセルホテルはイメージキャラクターがなぜかだいぶ前の「悲惨だな〜」の頃の稲川淳二さん。各室に取り付けられたテレビの「勝手にいじると爆発します。」という文字も怖かった。あぁ、また変な話でごめんなさい。寄席では〝余談漫談〟を掲げているぺーさんに倣い、名残り惜しくてわざと話を引き延ばしているわけではないのですが、御徒町「東京」はいともあっさりと見つかってしまいました。

もっとも〝二木の菓子の向かい〟というヒントは与えられていたのですが、これまではどんなたやすそうな物件も必ず道に迷っていたもので。そういえば結局さいごまで特定できなかった物件もあったではないか。ラセーヌとか。「このあやふやな感じで終わるのもまたオ

生涯絶対降りる筈のなかった、ゴルフ屋への階段にＧＳを見た。

ツでしょう」と山中さん。皆さまほんとにそうでしょうか。この件に関して何か質問は？　思わず伊藤一葉になってしまいます。それはさておきオカチマチ。先のサウナを出てとりあえずアメ横でもぶらぶらしてみようかなと散歩の矢先、ふと目に飛び込んできた二木ゴルフ中古センターの地下階段。これがどうにもピンと来たのです。これは地下ですが、どこかデパートの屋上遊園地にも似た古き良き愉悦の入り口を匂わせて。かくして自分史上もっとも縁のないゴルフ屋さんへ吸い込まれると店員さんたちがぽかんと自分を見ています。

お使いに来たキャディさんと思われたでしょうか。しかし目が合ったのですかさず「あの、つかぬことをお訊きしますが、ここはかつて…」すると「あ、ハイそうですね、東京っていうジャズ喫茶だったと聞いた

天井に渦巻く回路たちも、音響施設の名残りに見えました。

ことがあります。」ドンピシャ。続いて「そこの隣りの喫茶店と昔は繋がっていたみたいですよ。」とGS世代に産まれたくらいのお歳の、名札を見ると店長さんがご親切に教えてくださいました。なるほど、レトロな喫茶店「カフェニキ」側から「二木ゴルフ」をのぞむと在りし日のジャズ喫茶の幻影が充分伝わってきます。おそらくは二木グループが経営されていたジャズ喫茶でしょうか、となると林家三平さんのサイケソング『BACHI　BACHI』の発表会もGSをバックにここで行われたかもしれません。

お断りをいれてゴルフクラブたちをガラケーでカシャリと写真におさめます。ゴルフと交わるのは生涯最初で最後のことでしょう。さすがにゴルフクラブを背景に自分の撮影をガラケーを渡してお願いするのは、意味不明すぎて警戒されると思ってやめておきました。思えば「東京」に出演歴のあるGSの方が、今や趣味のゴルフで二木ゴルフに訪れることもあるでしょう。その度にジャズ喫茶の灯りや音たちに思いを馳せるのかもしれません……。ひとりご満悦となって、この日は何軒ハシゴしたかかな。そしていつもの酩酊、失神です。そうだ、ひょっとしたらぼくは人間GS聖地なのかもしれません。日々ひとり幻想して日々失神して。大衆酒場をガソリンスタンドにして生きているのだから。そのGSかい！　お後がよろしいようで。

さいごに、この旅で沢山の人情をくださった皆さま、誠にありがとうございました。本の中では海坊主扱いしてしまいましたが山中伊知郎さんにもこのような機会を与えてくださり本当に感謝しております。そしてもうお一人、故・黒澤進さん。中学時代から文通してくださり晩年はご一緒に飲み歩いてくださいました。黒澤先生のようにGSにまつわる本を書くことが思春期からの夢でしたが、だいぶへんてこりんなお城ですがこんな本が完成いたしました。13回忌の年、そして生誕65年のこの日、雲を隔てたGS聖地に捧げさせていただきます。

タブレット純

昭和 49 年生まれ。幼少時よりAMラジオを通じて古い歌謡曲やグループサウンズなどに目覚め、思春期は中古レコードを蒐集しながら愛聴、研究に埋没する日々を送る。高校卒業後は古本屋、介護職など芸事と関係のない仕事をしていたが、27 才の時、ある日突然ムード歌謡の老舗グループ、和田弘とマヒナスターズに芸名「田渕純」としてボーカルで加入。以後２年間和田弘氏逝去まで同グループにて活動した。グループ解散後都内のライブハウスにてネオ昭和歌謡、サブカル系のイベント出演の他、寄席・お笑いライブにも進出。ムード歌謡漫談という新ジャンルを確立し、異端な存在となっている。

タブレット純のＧＳ聖地純礼

2019 年 9 月 10 日　初版発行
2019 年 10 月 20 日　第二刷発行

著　者◆タブレット純
発　行◆(株) 山中企画
〒114-0024 東京都北区西ヶ原 3-41-11
TEL03-6903-6381　FAX03-6903-6382
発売元◆(株) 星雲社
〒112-0005　東京都文京区水道 1-3-30
TEL03-3868-3275　FAX03-3868-6588

印刷所◆モリモト印刷
※定価はカバーに表示してあります。
ISBN978-4-434-26440-5　C0073

【山中企画・GSシリーズ】

『最後のGSといわれた男』

オリーブのマミー（キムタケ）著

「伝説のGSバンド」オリーブのリードヴォーカル・マミーが語る、あの懐かしくも素晴らしき日々！　あっという間に過ぎ去った夢のような、あの3年間が、今、甦る！

ISBN978-4-434-22614-4　C0076
定価 1500 円＋税
発行　株式会社山中企画
発売　株式会社星雲社

『GS第三世代50年後の逆襲』

ザ・ラヴのユウジ（高宮雄次）
オリーブのマミー（木村みのる）著

オレたちの夢はまだ終わってはいない！　あのGS黄金時代を疾走した戦士たちが、今、再び、新しい黄金期を目指して立ち上がった！

ISBN978-4-434-25299-0　C0073
定価 1500 円＋税
発行　株式会社山中企画
発売　株式会社星雲社